Todo mel dessa vida

Todo
mal
dessa
vida

DA CRIADORA DO MAIOR CANAL DE AULAS DE YOGA DO BRASIL

Pri Leite

Todo mel dessa vida

Inspirações do presente e as alegrias extraídas do cotidiano

academia

Copyright © Priscilla Leite, 2024
Copyright © Editora Planeta do Brasil, 2024
Todos os direitos reservados.

Preparação: Fernanda Simões Lopes
Revisão: Bianca Hauser e Gleice Couto
Projeto gráfico e diagramação: Camila Catto
Capa: Camila Catto

Dados Internacionais de Catalogação na Publicação (CIP)
Angélica Ilacqua CRB-8/7057

Leite, Priscilla
   Todo mel dessa vida : inspirações do presente e as alegrias extraídas do cotidiano / Priscilla Leite. – São Paulo : Planeta do Brasil, 2024.
   240 p. : il.

ISBN 978-85-422-2655-3

1. Desenvolvimento pessoal 2. Autoconhecimento 3. Autorrealização I. Título

24-1195   CDD 158.1

Índice para catálogo sistemático:
1. Desenvolvimento pessoal

Ao escolher este livro, você está apoiando o manejo responsável das florestas do mundo

2024
Todos os direitos desta edição reservados à
Editora Planeta do Brasil Ltda.
Rua Bela Cintra, 986, 4o andar – Consolação
São Paulo – SP – 01415-002
www.planetadelivros.com.br
faleconosco@editoraplaneta.com.br

Para Darren, por ser meu maior incentivador.
Para Oliver e Benjamin, por me darem ainda mais vida.
Para cada pessoa que me recebeu em sua casa para praticarmos yoga juntas, pela confiança.
E a mim mesma, pela coragem.

Prefácio | Que bom que você está aqui! **11**

Autocuidado

Amanhã é outro dia **16**

Hora de voltar **19**

Impressão digital da liberdade **21**

Meditação matinal **23**

Na cadeira de balanço **26**

Ninguém me disse o quão difícil isso seria **32**

Nossa criança **34**

Obrigada **37**

Junto com o mar **41**

Facilite sua vida **43**

Unhas ou algo assim **48**

Autoconhecimento

A amiga que vai se iluminar nesta vida **54**

A bailarina **57**

A caverna possível **62**

A fruta de um novo dia **64**

No muro da casa da minha avó **66**

Palavrão **68**

Reservatório energético **72**

Batendo com a cabeça **74**

Desbrave **79**

Kung Fu Panda **84**

Paisagem interior **87**

Pausa amiga da derrota **89**

Plano de cinco anos **91**

Preciso de você **94**

Sexy **97**

O que nunca me contaram sobre bebês **100**

Leveza
A diferença **104**
Alimentação, prazer **106**
Love of my life **116**
Esse corpo que te gerou **121**
É aqui que você deve estar **122**
É bonito **125**
Felicidade **128**
Malha pra que te quero **133**
Para os amigos de imigrantes **136**
Perigo **137**
Por isso, lembretes **139**
Derrete igual sorvete em dia de verão **141**

Equilíbrio
A arte de fazer nada **144**
A tal **149**
Abra o pote de sorvete **154**
Ansiedade do condicionador **158**
Perfeição **162**
Equilíbrio **163**

Sou uma nova mulher **169**

Guru **174**

Missão possível **178**

Cartão do pão **183**

Tudo diferente **185**

Presença

Do meu coração para o seu **192**

Abraço ou solução? **195**

A fonte da calma **198**

Acordar cedo **201**

Apoio **204**

Ciclo da insatisfação **209**

Como o yoga mudou a minha vida **213**

Ela me ama! **217**

Por um momento **221**

Por que yoga? **223**

Presente **226**

Sim, a gente ama **229**

Vamos morrer **231**

Todo mel dessa vida **235**

Prefácio
Que bom que você está aqui!

Olá! Olá! Se você ainda não me conhece, eu me chamo Pri Leite. Que bom que você está aqui! Que bom mesmo! Porque eu detesto falar sozinha.

Pra quem não sabe quem eu sou, eu sou bem conhecida pelas minhas aulas de yoga no YouTube.

Eu cheguei por lá em 2014, quando tudo era mato, com a mais pura e genuína vontade de ajudar as pessoas da maneira como eu sabia: acessibilizando o yoga de qualidade.

Afinal, se yoga me fazia tão bem, deveria ter mais gente que poderia gostar também! No entanto, este não é mais um livro sobre yoga. É um livro no qual abro as cortinas pra você conhecer um pouco da minha história, de que modo o yoga permeia a minha vida, dia a dia, e como ele pode permear a sua também! Melhor ainda, quero a partir deste livro amparar, acolher, abraçar e ser o pó de pirlimpimpim que estava faltando no seu dia. Além de responder por aqui a algumas das suas perguntas mais quentes com calma.

Minha intenção é ser completamente honesta com você, de peito aberto. Por isso, saiba que eu me imaginava sentada no meu escritório, de frente para o meu computador em uma cadeira confortável, com a casa limpa e em perfeito silêncio enquanto escrevia estas palavras. Mas, na verdade, eu te escrevo nas notas do meu celular, com o meu filho febril no colo e no escuro do quarto – imagino que cerca de cinquenta por cento deste livro foi escrito no meu celular, verdade seja dita.

Por muito, muito tempo, evitei escrever um livro. Teve até amigo meu dando risada e dizendo "Mas você tem centenas de vídeos na internet e tem vergonha de escrever um livro?". Vergonha não. Medo mesmo. Terror. Mas respiro e vou com terror mesmo.

Veja bem: se um belo dia eu acordar e decidir deletar o meu canal no YouTube e todas as redes sociais, eu posso! Um livro? É quase como se eu estivesse escrevendo algo em pedra. Não tem como eu ir aí na sua casa e dizer: "Licencinha, mas eu mudei de ideia em algumas coisas aqui e vim pegar esse livro de volta, tá?".

Estou te contando tudo isso, porque provavelmente vou mudar de ideia sobre alguma coisa aqui. Quero que você saiba disso. Pois, assim, quem sabe você também se abre pra mudar de ideia sobre alguma coisa aqui... ou ali. E sabe por quê? Porque só muda de ideia quem reflete. Mudar de ideia quer dizer que estamos expandindo, descobrindo novos horizontes, sendo transformados por novas experiências. Eu desejo isso pra mim e pra você. Eu desejo muita presença, muita mudança e muita troca. Espero de todo o meu coração que você sinta, perceba e receba aí onde estiver o amor, o carinho e a dedicação que são postos em cada palavra que entregarei.

Este livro foi criado com a intenção de ser sua companhia em sua jornada de autocuidado e autoconhecimento. Espero que ele esteja em suas mãos em dias de dúvida, de solitude, de preguiça... mas também nos dias de sol e piscina. E, óbvio, vou dividir com você dicas práticas para te inspirar a respirar, a se movimentar e a chacoalhar a poeira por fora e por dentro.

Estou aqui de peito aberto. Espero que você também.
Do meu coração para o seu.
Vamos?

Pri Leite

Autocuidado

Amanhã é outro dia

Final do dia. Depois do banho, me olho no espelho e percebo os cabelos brancos que teimam em nascer novamente mesmo depois de eu arrancar. Aproveito e vistorio a cútis.

Será que eu deveria colocar botox?

Ai, e o peso que é o mesmo de antes da primeira gestação, mas a barriga parece que explodiu e nunca mais voltou?! Pele esticada, estria... e um dia megaestressante.

Acordei com gritos e choros do primeiro filho e gritei logo pela manhã. Que dia difícil, em que parece que não consegui ter salvação.

Respiro.

Afinal, respira.

Vai, Priscilla, se olhe no espelho com ou sem botox. Faça uma massagem nesse rosto e respira mais um pouco.

A que eu posso agradecer?

Parece simples, mas imediatamente a minha lista de gratidão começa a aumentar, meu peito aliviar e as marcas para botox aparecem agora ao redor dos olhos e das bochechas, pois já estou sorrindo.

A arte de se pegar do chão, se levantar e se abraçar.

No tapete a gente cai muitas vezes de cara no chão. E voltamos.

Obrigada, tapetinho.

Nos levantamos. Uma vez depois da outra. E amanhã é outro dia.

A arte de se pegar do chão, se levantar e se abraçar.
No tapete a gente cai muitas vezes de cara no chão. E voltamos.
Obrigada, tapetinho.
Nos levantamos. Uma vez depois da outra. E amanhã é outro dia.

Hora de voltar

Aí eu me pergunto: *quando foi a última vez que eu apreciei o céu?*

Esse é o meu termômetro.

Se faz tempo, é porque estou me distanciando de mim mesma, da natureza e da minha essência.

Hora de voltar.

Você sabia que simplesmente olhar o céu pode te ajudar a colocar suas emoções em perspectiva?

Hora de voltar.

Uma visão panorâmica natural pode reduzir seus hormônios de estresse e ansiedade.

Pausa no uso de telas. Pausa no trabalho.

Saia e olhe o céu.

Saia e caminhe entre as árvores.

Não negligencie a hora de voltar para si mesmo.

Saia e olhe o céu.
Saia e caminhe entre as árvores.
Não negligencie a hora de voltar
para si mesmo.

Impressão digital da liberdade

Todos nós estamos fazendo o nosso melhor. Eu realmente acredito nisso. Você acha que estou brincando? Não, estou falando sério. Repita comigo: todos nós estamos fazendo o nosso melhor.

Para muitos pode parecer algo ingênuo acreditar nisso, mas pra mim é óbvio.

Na palavra *todos*, incluem-se aquele político de que você não gosta, a amante do seu marido, o criminoso na prisão e por aí vai... por quê? Você pode até dizer pra mim: "Estive na mesma situação que fulano e agi/agiria de forma diferente". Mas, é claro, você é diferente do fulano. Cada um é tão único quanto a nossa própria impressão digital.

Que maluco isso. Você sabia que até gêmeos idênticos têm impressões digitais diferentes? Não existe ninguém no mundo, e jamais vai existir alguém, com a mesma impressão digital que a sua. Passado ou futuro. A nossa impressão digital é só nossa. A natureza realmente é misteriosa e fenomenal.

Por isso, na superfície podemos achar que entendemos as razões pelas quais um indivíduo age. Sim, em certos casos podemos saber bem.

Por que eu como chocolate? Porque eu gosto! Ok, sério. Quando vejo alguém fazendo algo que na minha cabeça é simplesmente absurdo, eu paro e penso: *estou apenas vendo a superfície, apenas parte da pintura.* Sei que existe uma razão por trás dessa forma de agir mesmo que eu desconheça. Até mesmo porque provavelmente nem é da minha conta pra começo de conversa. A verdade é que só conseguimos ver o mundo a partir das nossas lentes, ou seja, parcialmente. A natureza é vasta demais e não nos empresta seus óculos de visão além do alcance. A nós nos resta ter mais humildade.

Penso que não cabe a mim entender as pessoas, analisá-las ou até mesmo perdoá-las, e sim saber que todos usamos as ferramentas, as oportunidades, as experiências da maneira como sabemos naquele instante. E é importante não esquecer, isso inclui a nós mesmos. Estou aqui fazendo o meu melhor, com esperança de que me torne melhor a cada dia. Estou vivendo a minha impressão digital. Isso sim é libertador.

Meditação matinal

Olhos fechados.
Coluna ereta.
Três respirações profundas.

EU ESTOU AQUI E AGORA.

Repito essa frase mentalmente até sentir que consegui, pelo menos um pouco, chegar no aqui e no agora.
Consigo sentir o meu corpo e os meus arredores. Consigo sentir a minha respiração e que a minha mente não está completamente em outro lugar.
Alguns dias são mais difíceis que outros. Pra ser honesta, existem dias que sento no meu lugar de meditar e simplesmente digo mentalmente: *olha, eu estou aqui. Por hoje é tudo que consigo. Vim aqui, apareci. Estou aqui.* Mesmo se a minha cabeça estiver lá em Várzea Grande, eu sento e falo pra mim mesma: *eu estou aqui.*
Meditação é algo que muita gente ama e que muita gente odeia. Na realidade, a meditação é algo que acontece. Não temos controle sobre nossa mente ou nosso corpo. Não conseguimos apertar o botão do "parei de pensar". Se alguém te disser que consegue, desconfie.

Meditação tá mais pra montanha-russa do que sinal de pare.

Meditar é basicamente se render. Se soltar da ideia do que deveríamos ser, pensar ou agir. Liberar a mente por um instante para ela se equanimizar.

Como nós, meros mortais, não podemos pausar nossos pensamentos completamente – lembra, estamos trabalhando *let go of control* –, o que podemos fazer é preparar um ambiente e criar uma rotina que favoreça a calma, o autocuidado e a presença. E aparecer. Praticar.

Se você tem interesse em começar, voltar ou manter uma prática de meditação, recomendo que crie um espaço físico na sua casa dedicado para isso, um espaço na sua agenda também.

Assim como você agenda médico, dentista, reunião com o chefe, agende bonitinho no calendário o seu horário para meditar – e quem sabe yogar também!?

Um cantinho simples, pode ser ao lado da cama mesmo, com algo que te lembre do motivo pelo qual decidiu criar esse espaço para você. Flores que te agradem, imagens que te inspirem, notas e cartas que te aterrem. Incenso, óleo essencial... as opções são muitas. Faça do seu cantinho de meditação um espaço básico e acolhedor.

Reserve na agenda pelo menos cinco minutos para a meditação em si e cinco minutos para transição de e para meditação. Essa transição é importante para que o seu corpo e sua mente possam digerir os efeitos da prática.

Que simples, né? Agora não tem desculpa. Você tem por onde começar.

Na cadeira de balanço

Veja bem, quando estava grávida, eu sabia bem o que ia acontecer depois que o meu filho nascesse. Em seis semanas, estaria não apenas com o meu tão desejado bebê nos braços, mas também de volta às minhas preciosas aulas de yoga.

A minha maior preocupação naquele momento era: vou ter que levantar às cinco da manhã, e o despertador pode acordar o bebê. Como vou fazer para o despertador não acordar o bebê? (Insira gargalhadas de virar a cabeça para trás aqui.)

Mais uma pausa para uma risada muito longa. Mães, podem rir ainda mais.

Hoje eu olho para toda aquela ingenuidade com afeto e compaixão. Olho para mim grávida e, se pudesse, voltava no tempo para cochichar no meu ouvido: "Nada, nada mesmo, será como era antes. Tudo será tão diferente, mas, ainda assim, você vai se sair muito bem".

A amamentação estava indo muito bem, mas tinha o detalhe: se eu ficasse fora de casa, o meu bebê ainda precisaria mamar. Ah, sem problema, tinha muito leite. Eu poderia ordenhar, e o meu esposo daria uma mamadeira pela manhã quando eu estivesse trabalhando. Seria lindo.

Seguindo o conselho de profissionais, esperamos até a quarta semana para introduzir a mamadeira.

Lembro das inúmeras vezes que vi bebês mamando na mamadeira. Sempre pareceu tão fácil. Tão simples.

Mas meu bebê não pegou a mamadeira. O quê? Como assim? Vamos tentar de novo, ver outros métodos, colher, copinho, reza. Vou te poupar da longa história de sete semanas de tentativas. O meu filho não pegou a mamadeira. Ponto. Não teve jeito. Não pegou mesmo. Nadinha.

E eu? Eu fiquei na cadeira de balanço.

Larguei a mão do relógio. Despertador? Descobri que nunca mais iria mesmo precisar. Na cadeira de balanço, eu o amamentava de não sei quanto em quanto tempo. Relógio já foi pela janela.

Eu fiquei na cadeira de balanço. Um tipo de cansaço que somente mães que aleitam sabem. Uma nuvem em que já nem sabia quem eu era. Eu era a mãe do Oliver, mas e o resto de mim? A nuvem cobriu, o rato comeu, não sei. Desapareceu. Na cadeira de balanço, chorei com ele pela primeira vez. Já nem me lembro bem o porquê. Mas nós choramos juntos.

E a cadeira de balanço era nossa amiga. No começo parecia que não teria fim. Eu ficaria ali, com a bunda pregada na cadeira de balanço para toda a eternidade.

Veio visita e chorei. Liguei para minha mãe e chorei. Falei com a amiga, reclamei e chorei mais um pouco.

Minha vida tinha mudado drasticamente em um período curto. Curtíssimo. Ingenuidade minha? Ninguém tinha me preparado pra isso. Ninguém me disse que eu não precisaria do relógio, que amaria o meu filho mais que tudo, que ficaria zonza de felicidade e sono, tudo junto e misturado. Que o meu coração bateria em paz ao vê-lo grudado no meu peito, mas ainda teria uma briga com a cadeira de balanço. Como eu poderia passar tanto tempo ali? Como? Será que poderia me transformar em pelo menos duas Pris? Uma para o meu filho e uma pra mim? Sentia falta da liberdade de sair de casa sem preocupação para dar uma aula de yoga. Será que isso era pedir demais? Essa era a minha mente reclamona que chegou e se sentou.

Até que um dia, não sei bem qual, eu disse pra mim mesma: "Priscilla, essa é a sua realidade. O seu filho não toma mamadeira e só dorme no colo (tinha esquecido de te contar esse último detalhezinho). O que você pode fazer? Aceitar". Assim senti tudo ficar mais leve. Uma leveza de que eu sentia tanta falta e não sabia. Uma parte de mim que tinha esquecido. Com o puerpério e a locomotiva de hormônios, realmente parecia que a minha bunda e a cadeira de balanço se tornariam uma. Pois bem, se for assim, que assim seja.

Sento na cadeira de balanço com prazer. Ela é confortável – eu que escolhi –, posso amamentar meu pequeno enquanto admiro seus traços perfeitos, e ele pode dormir no meu colo. Colo de mãe. A gente sabe que existe um só. Bebê dormindo no peito, pura oxitocina. Caso você nunca tenha tido um bebê dormindo grudadinho em você, saiba que é o quentinho mais quentinho de delícia de amor. É uma energia etérea de luz e esperança. *Não, não vai ser pra sempre assim*, repito para mim mesma. Repito novamente pra fazer de conta que acredito: não será assim pra sempre. Mas parece que vai, parece. *Ele vai desmamar e dormir na cama antes de ir pra faculdade. Vamos lá, Priscilla, repita pra você mesma: não é pra sempre.*

E, assim, balanço na cadeira de balanço. Escuto a respiração do meu menino, sinto o cheiro do bafinho de leite e os cabelos finos tocando o meu rosto. *Existe coisa mais linda nesse universo?* Me pergunto.

Tiro uma selfie. Não ficou boa por causa do quarto escuro, mas preciso eternizar esse momento. Como não me maravilhar diante do milagre da vida? Bebê! O mais puro símbolo de recomeço. Meu bebê! Ele me escolheu pra ser a mãe dele. Que honra. Que alegria. Quanta gratidão.

Escutei muitos conselhos. "Não existe dar colo ou amor demais a uma criança", "Ah, não, tem que deixar chorar. Você vai ficar muito desgastada". Respiro fundo e lembro que a maternidade faz parte da vida, é um jogo mental. Eu sei que minha mente pode ser a minha melhor amiga ou maior inimiga. Oi, yoga?! Digo para minha mente: "Eu preciso muito que trabalhemos juntas, ok?!". Então ela, em sua voz mansa de amizade, diz: "Vai devagar... desacelera...". "Mais devagar que isso?", eu respondo. "Sim", ela diz, "muito, mas muito mais devagar. Devagar, devagarinho mesmo. Tire o pé do acelerador".

Quer queira, quer não, o puerpério nos obriga a desacelerar.

Tinha me dito que aos três meses ele não mais dormiria no braço. E os três meses e quatro se passaram até eu resolver jogar o calendário no lixo.

E, sem eu menos esperar, escutei as palavras de que meu coração precisava: "Vai chegar uma hora que ele, sim, ELE não vai mais querer dormir no seu colo". Será mesmo? Pensei comigo, *será possível que algum dia ele não vai mais querer só dormir no colo fazendo minha teta de travesseiro?* Olho para pessoas ao meu redor e nenhuma delas parece dormir no colo da mãe ou do pai. Ok, faz sentido. E aí, só vai ficar a saudade.

Vem minha mente amiga e dizia: "Devagar, devagarinho, fica aqui no momento presente mais um pouquinho".

Eu o embalava na cadeira de balanço e a cadeira de balanço me embalou. Assim, mesmo depois de ter jogado o relógio pela janela e o calendário no lixo, o tempo passou. As lembranças e o quentinho no coração ficaram. E a saudade também. Vira e mexe vem a minha mente amiga e diz: "Senta na cadeira de balanço e balança devagar, devagar, devagarinho".

Este texto é um carinho para minhas mães de crianças pequenas. O puerpério dura muito mais do que seis semanas – de acordo com algumas pesquisas, pode chegar a dois até sete anos pra gente se sentir novamente inteira. Por isso, se dê um pouco de afago e relaxe.

Ninguém me disse o quão difícil isso seria

As pessoas me disseram para aprender tudo sobre parto, exercícios e uma dieta saudável. Mas ninguém, nem minhas parteiras, minhas doulas, nem minha mãe ou minhas irmãs. Ninguém me disse o quão difícil seria.

A quantidade de informações sobre tudo relacionado a bebês é brutal. Eu li sobre parentalidade francesa, parentalidade dinamarquesa e até mesmo coisas das quais nunca ouvi falar antes, como parentalidade com apego, parentalidade-rei.

Todos os livros sobre o sono do bebê. Até contratamos uma consultora de sono. Uma perda de tempo e dinheiro, assim como as aulas de cuidados com o bebê. Ninguém me disse o quão difícil isso seria.

Sinto falta de me sentir leve. Sinto falta de me sentir relaxada. Sinto falta de sentir o chão sob meus pés à vontade.

Há apenas vinte e quatro horas em um dia pra eu dormir, fazer yoga, meditar, tomar banho e fazer o café da manhã antes que o bebê acorde de sua primeira soneca.

Quero estar presente, mas parece que tem algo me puxando – o medo de perder.

Ele está crescendo tão, tão rápido. Mudando literalmente todos os dias. Não quero perder um momento. Quero que aproveitemos a companhia um do outro. Mas também preciso estar presente para meu esposo, para nós, para nossa união e não quero esquecer minha carreira. É impressionante.

Eu me sinto sobrecarregada.

Eu quero pausar.

Parece que as coisas do dia a dia estão mudando, mudando, e quase posso sentir o chão sob meus pés, mas não consigo tocá-lo. Quero tocar o chão. Quero que meu coração fique tranquilo. Quero aproveitar a maternidade.

Eu sei que não estou sozinha, mas me sinto sozinha. Acho que nunca me senti tão sozinha e, no entanto, passo a maior parte do tempo com a pessoa que amo mais do que tudo.

A solidão de quando nos perdemos dentro da maternidade é real. Mas eu prometo que melhora. Vai se encontrando um passo de cada vez. Que nem nó de linha, que aos poucos vai desatando; uma pequena ação por vez e, quando menos perceber, o tempo passou, e você se reencontrou.

Nossa criança

Patins. Jabuticabeira na escola. Telhado de casa. Parque com escorrega, casinha que vira forte, vira-vira e pé na areia. Show de fantoches na escola. Tio MacDonald. Pular elástico. Amarelinha. Andar de bicicleta.

Um dos meus namorados, que na época devia ter 35 anos, mantinha alguns brinquedos de criança no seu quarto. *Nada sexy*, eu pensava, *que estranho*!

Ele, que normalmente usava faixa preta no tatame, ou terno no trabalho... me pareciam esquisitos aqueles brinquedos. Isso até que um dia criei coragem pra perguntar: "Por que você tem esses brinquedos na sua estante?".

Ele respondeu: "Para não esquecer e sempre cuidar da minha criança interior".

Pausa constrangedora.

Ele continuou dizendo: "Meu trabalho demanda muito de mim, então eu olho esses brinquedos e lembro de não levar tudo a ferro e fogo". Como você tem cuidado da sua criança interior?

Por alguma razão, aquilo me tocou, tocou fundinho.

Nunca havia pensado nisso, digo nela. Todos nós carregamos conosco a criança que um dia fomos. Que presente! Aquela do sorriso fácil.

Todos nós nascemos pequenos yogis. Já parou pra observar um bebê respirando? Nascemos com respiração abdominal profunda, aquela que relaxa. Nascemos prontos para receber amor e não medimos o amor que damos.

O bom de amadurecer é que, como adultos, podemos oferecer para nossa criança interior o que não recebemos na nossa infância. Seja afeto, atenção, respeito, segurança, que presente bonito este: o de podermos cuidar de nós mesmos.

O bom de amadurecer é que, como adultos, podemos oferecer para nossa criança interior o que não recebemos na nossa infância. Seja afeto, atenção, respeito, segurança, que presente bonito este: o de podermos cuidar de nós mesmos.

Obrigada

Hoje foi um dia desafiador. Difícil mesmo.

Dias assim felizmente não são comuns, e, mesmo que com um gosto agridoce, se tornam dias especiais para mim. São nesses dias que penso comigo: *sobrevivi*.

Na penumbra do banheiro escuro, preparo algo especial. Coloco "Epsom salt", óleo essencial de ylang ylang e de lavanda na banheira com água quente. Para mimar a menina que vive em mim, também coloco um pouco de líquido para fazer espuma.

O calor da água imediatamente me abraça como se estivesse dizendo "estou esperando por você".

Imediatamente sinto uma espécie de vazio, um vazio bem físico.

A minha barriga de grávida agora apenas existe em outro tempo, que pertence a memórias e fotografias.

Tomei muito banho de banheira quando grávida. Tinha o luxo de ter todo o tempo do mundo para me banhar sem preocupação, sem horário, sem agenda.

O meu filho ainda estava aqui: seguro e quentinho dentro do meu próprio ventre.

Na banheira costumava me deitar de bruços, já que não conseguia mais dormir nessa posição à noite. Lembro, na pele esticada, como era tocar a barriga repleta de vida e agora toco minhas costelas alargadas.

Prendo o nariz com o dedo indicador e o dedão – a única forma pela qual consigo prender a respiração – e mergulho a cabeça. Escuto o silêncio da água. *Como deveria ter sido estar na barriga da minha mãe?* Deveria ter sido algo similar a estar submersa em uma banheira quentinha. Levanto a cabeça para buscar ar porque já nasci faz tempo.

Quero me tornar miúda novamente, entrar na banheira quentinha do ventre da minha mãe. Quero aconchego de braços macios, o enlace da segurança inocente de que está tudo bem. Nada de mal pode acontecer em braços seguros.

Quero a minha mãe.

Aprendi a encontrá-la mesmo longe. Encontro a minha mãe na natureza da água que carrega a vida, mesmo na minha modesta banheira; outros dias percorro campos com os pés descalços e toco o chão com veemência por sua generosa abundância. A Terra é generosa. A natureza tem o poder de cuidar da gente. Mais uma vez cuida de mim. Obrigada.

A água da banheira já está ficando fria. Hora de sair.

Ele está dormindo no quarto ao lado.

Ele sempre estará em mim, terra sempre está na fruta. Nossos filhos não são nossos, nós que pertencemos a eles.

Ele está dormindo no quarto ao lado. Ele sempre estará em mim, terra sempre está na fruta. Nossos filhos não são nossos, nós que pertencemos a eles.

Junto com o mar

Eu não consigo nem sequer falar "filtro solar" sem escutar a voz do Pedro Bial na minha cabeça. *Use filtro solar*. Ainda mais se você estiver na Califórnia, onde o "UV index é super high"!

Partiu praia! Sim, porque o mar ajuda a desamargurar os corações chorosos – como o meu estava. E, também, porque criança ama brincar na areia. Acaba que vira uma mistura de felicidade com terei que limpar meu carro por um mês e ainda achar areia nos cantinhos.

Tudo bem. O dia está lindo e a brisa acolhe. Passo protetor em minhas crianças, digo, corro atrás das minhas crianças no parquinho tentando passar protetor nelas.

Sucesso. Colocamos os pés na areia e esperamos o mar nos surpreender com cada ondinha. Um filho em cada mão, o oceano pacífico diante de nossos pés, e em um passe de mágica o momento vira memória que não se quer jamais perder. De mãos dadas junto com o mar.

O dia passa, o coração areja, sorrisos e novas boas memórias nos levam para o carro que terá areia suficiente para construir uma casa. Chegamos em casa.

Aqui encontro meu esposo, que olha pra mim com olhos assustados! "Você quer que eu vá na farmácia comprar um remédio pra aliviar queimadura?" Olho para a minha criança mais nova e digo: "Verdade! Ele queimou um pouquinho aqui na parte de baixo das costas!".

Darren olha pra mim e diz: "Não! O remédio seria pra você!".

Pra mim? Olho no espelho.

Diante de uma pele de pimentão, peço que, por favor, vá correndo comprar um remédio pra mim!

Bial, esqueci o filtro solar!

Fica a dica: mãe também queima de sol, precisa beber água, comer e outras *coisitas más*. Podemos ser sensacionais, mas jamais seremos sobre-humanas.

Facilite sua vida

Cá estou, em pé na minha cozinha às oito horas da noite pensando no que a minha criança vai me dizer amanhã às seis e meia da manhã quando eu servir o café da manhã que preparei. É certo que ouvirei: "Não está igual ao do papai! Não quero!". Diretamente da série: coisas que só acontecem quando o meu esposo viaja.

Enquanto preparo os ovos mexidos – que não, definitivamente não serão tão deliciosos quanto os que o meu esposo prepara –, penso em qual será a estória que vou contar sobre o tal ovo mexido! Como fazer o café da mamãe... hum... comível?! Papai viajando, soneca matinal da mamãe vai por janela afora e o café já preparado na mesa também. Oh, volta logo, esposo!

Pausa para notas esclarecedoras: e, nada de invejar meu casamento, hein?! Muito menos colocar meu digníssimo em um pedestal. Ele prepara o café da manhã todo dia, mas isso não faz dele um super-herói. Nem um alienígena. Somos dois adultos que vivem juntos e que negociam e dividem os cuidados da casa e dos filhos. Sei que pode parecer estranho para muitos. Mas isso deveria mesmo ser estranho, *really*?

Volta da pausinha.

Enquanto cavouco meu cérebro por criatividade, lembro dos meus tempos de colégio militar. Ah! Como eu odiava acordar cedo!

Sim. Odiar é verbo forte. E, como boa adolescente, esse era o verbo que eu usava para descrever a minha sensação às quatro e quarenta e cinco da manhã de segunda a sexta.

Farda bem passada – que a essa altura já era eu quem passava, e não a minha mãe. Sapatos bem polidos. Meia branca. Fivela do cinto polido – aquela fivela sujava todo dia, gente, por quê? Plaquinha com nome no bolso pra não levar anotação. E claro: nada de esquecer a boina! A bendita boina. Pois, além de receber anotação, ninguém queria ser a única cabeça circulando pela escola toda sem... boina.

Para o meu cérebro adolescente, era muita coisa para lembrar tão cedo. Por isso, de maneira intuitiva, aprendi uma das lições mais importantes sobre disciplina. A minha manhã sempre começa na noite anterior.

Isso porque a energia que eu preciso pra deixar tudo no jeito na noite anterior é muito menor do que se eu deixar para o outro dia pela manhã. Em outras palavras: o esforço, o sofrimento, a margem para procrastinação, o esquecimento e a reclamação mental são muito menores e com baixas chances de mau humor. Por isso, eu deixava tudo, tudinho mesmo, nos mínimos detalhes já no jeito. Até a meia já deixava dentro do sapato. A mochila ao lado do sapato. A boina e o casaco na mochila. A bendita plaquinha com o nome já na farda. E só não deixava a pasta de dente já na escova porque ficava dura. Então, era só levantar, tomar banho, escovar os dentes, deslizar no uniforme e terminar de acordar no caminho pra escola.

Uma salva de palmas para a Priscilinha versão *young teen;* ganhos energéticos aqui, senhoras e senhores.

Sim. É, bem possível que você já saiba quão importante é se organizar para poder ter mais disciplina. Mas o meu ponto aqui é que eu fiz isso não uma ou duas noites. Eu tive essa rotina por anos. ANOS. Plural de ano – plural de 365 dias.

Pra que hoje, muito longe dos meus anos adolescentes, eu ainda esteja deixando tudo organizado nos mínimos detalhes na noite anterior. Também conhecido como: facilitando a minha própria vida.

Facilite sua própria vida. Se você quer ir pra academia, deixe os tênis já do lado da cama. Quer meditar? Deixe a almofadinha bem à vista. Quer fazer yoga? Coloque o tapete no meio da sala. Quer passar menos tempo no celular? Deixe um lembrete de papel ao lado do carregador. Use sua imaginação! Comece a semana no domingo à noite. Se você está em um relacionamento e sabe que a semana vai demandar muito de você, comunique. Vai lá e fala pra pessoa sortuda de estar ao seu lado como ela pode te apoiar na semana ou dia seguinte. A vida é como viajar de avião, sempre podem perder sua bagagem! Então se prepare e sempre leve uma roupa extra na bagagem de mão! Essa preparação nos mínimos detalhes evita muito estresse desnecessário.

Sim. É difícil acordar quando o corpo não está pronto. Seja por estar cansado, seja por você acordar atrasado ou de supetão com uma criança pulando em cima de você. E não. Pra mim não funciona acordar antes das crianças. Funciona pra você? Ótimo. Não funciona pra mim. Eu prefiro a solidão da noite quando sei que as chances de alguém acordar no meio do que quer que seja que eu esteja fazendo são bem menores.

Chances são a de que, pra maioria dos seres humanos, demora um pouco pra alma realizar o download de volta no corpo pela manhã. Por isso, se prepare para essa transição matinal da melhor maneira possível, e da melhor maneira que funcione pra você.

Hoje à noite, pra mim é deixar o liquidificador na tomada com a misturinha de proteína já ao lado. Nescafé em pó já na xícara – que eu não sei coar um café decente até hoje, me julgue quem quiser – caso a noite seja longa. Sim. A criança espera um cuidador viajar pra ficar dodói. A gente sabe disso. Também fruta já cortada na geladeira, pão de queijo congelado no jeito, e ovos já mexidos! Só cozinhar amanhã! Coloco um pouco de cúrcuma nos ovos e acho que a história será a de que esses ovos pela mamãe nem são ovos de galinha. São ovos de dinossauro. Extrafortes. Extraespeciais. E, extra-amarelos com extrapoderes pra te deixar muito saltitante pela sala!

Será que vai colar?

Unhas ou algo assim

Eu sinto um grande prazer ao ver minhas unhas limpinhas, lixadinhas e... esmaltadas!

Maquiagem é a mesma coisa. Amo uma maquiagem leve. E, também, carnavalesca. Amo tanto maquiagem que cismo em usar delineador no olho, mesmo não sabendo delinear, mesmo não conseguindo, mesmo falhando na tarefa que tutoriais da internet insistem em dizer que é fácil, mesmo fazendo caretas na frente do espelho como se uma força cósmica fosse descer e me ajudar a fazer o tal delineado do olho sem sair torto e tendo centenas de vídeos pra mostrar isso. Sempre sai torto. E assimétrico! Essa teimosia em delinear o olho é porque eu gosto. Me dá prazer. Colorir é divertido!

Em fases que parecem ser furacão, escolha coisas pequenas e inegociáveis. Coisas a que você vai se agarrar tão forte que, se o furacão levar, te leva junto.

Pra mim esse é o truque das unhas. Tô querendo me divorciar do marido? A unha tá pintada.

Tô nadando de felicidade porque finalmente fechei aquele contrato que passei madrugadas negociando? A unha tá pintada.

Tô preocupada com o resultado dos exames que o médico pediu? A unha tá pintada.

Tô aqui querendo comer as unhas de nervoso porque quero tanto que você goste de ler este livro? Não como porque a unha tá pintada.

Todo mundo tem algo pequeno que dá prazer e que faz você se sentir mais você. Algo que te remete à sua essência. Não deixe de pintar a sua unha.

Em fases que parecem ser furacão, escolha coisas pequenas e inegociáveis. Coisas a que você vai se agarrar tão forte que, se o furacão levar, te leva junto.

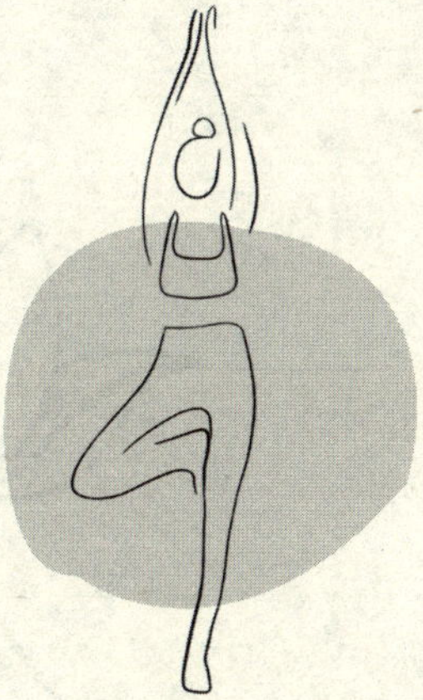

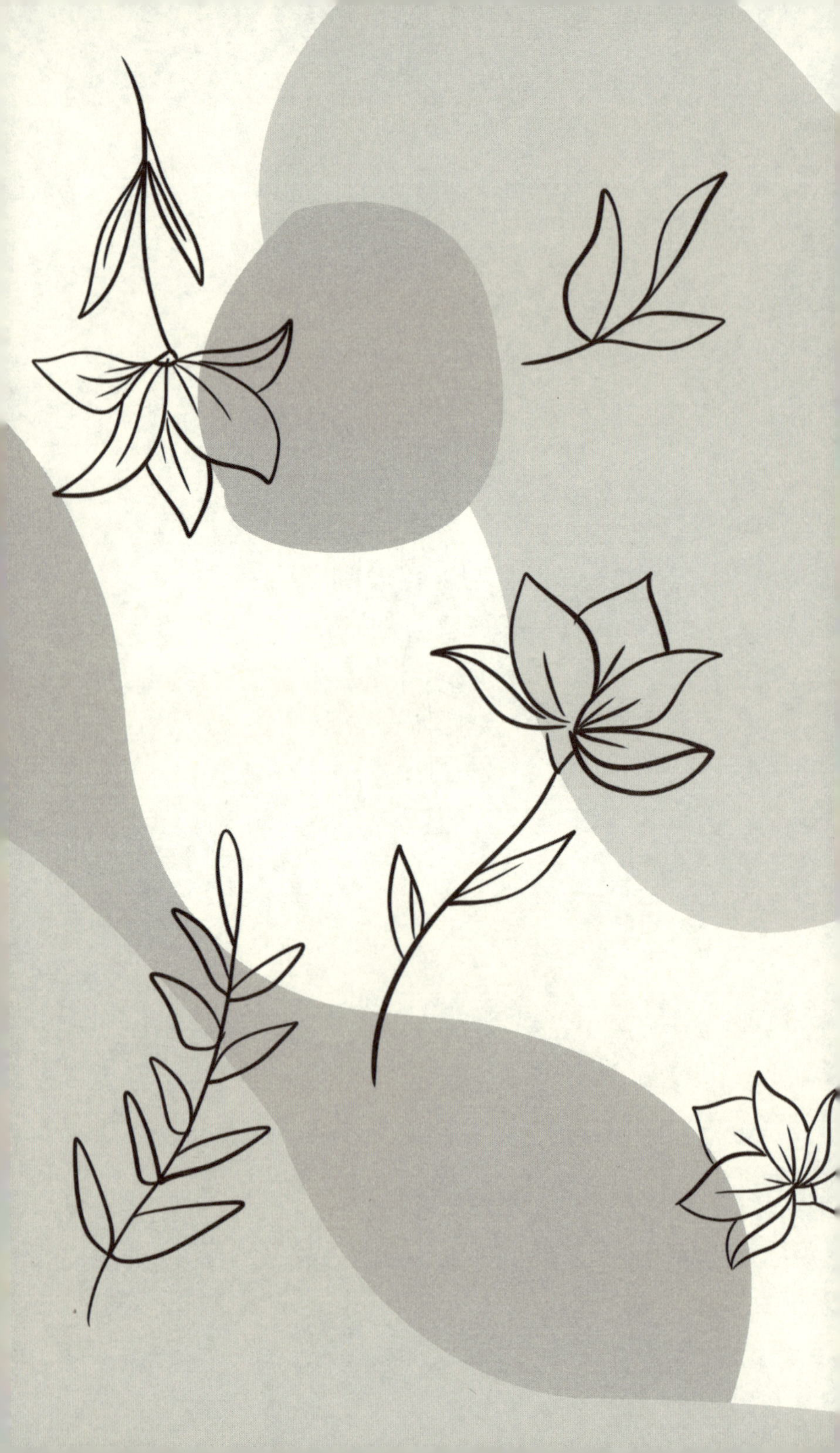

Autoconhecimento

A amiga que vai se iluminar nesta vida

Ouvi isso faz tempo. Foi em um trabalho no qual minha amiga disse: "Vou me iluminar nesta vida".

Não ria. Ela disse com convicção, e a convicção dela me tocou.

Olhei bem nos olhos dela e pensei que queria eu ter essa certeza.

Em meio a brinquedos e livros de criança, ela continuava... "Não quero mais sofrer. Nesta vida eu atinjo o Nirvana. Estou decidida".

Nesse momento me bate uma invejinha. Como pode essa pessoa ter tanta certeza assim? Será mesmo que ela vai atingir o Nirvana nesta vida?

Anos se passaram e pode ser que ela tenha se tornado um Buda. Faz muito tempo que não a vejo – nem na internet –, então tudo é possível.

Mas o interessante aqui é essa ideia de iluminação, ou libertação do sofrimento, se você preferir. Ela está presente por todo lugar no mundo. Seja chegar ao céu, ou ao Nirvana, todo mundo quer parar de sofrer, não é não?

Eu também. Sentir dor não é legal.

Pode ser que um relâmpago caia dos céus e ilumine um ser humano livrando-o de toda a dor e sofrimento. Talvez a minha amiga. Pode ser.

Eu vislumbro a iluminação para a maioria de nós como algo gradual e possível. Não algo exclusivo para os ascetas das montanhas.

Como o nascer do sol que vem trazendo o dia em festival de cores antes de o céu se iluminar por inteiro, a gente vai se iluminando aos poucos, em passos de formiga, com cada pequeno despertar diário.

Agora, a vontade de caminhar depende de nós. Como está a sua vontade de se iluminar?

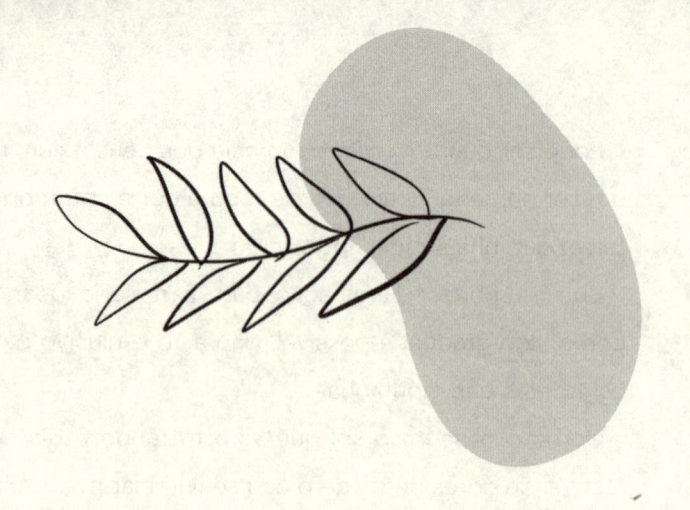

*Como o nascer do sol que vem
trazendo o dia em festival de cores
antes de o céu se iluminar por inteiro,
a gente vai se iluminando aos poucos,
em passos de formiga, com cada
pequeno despertar diário.
Agora, a vontade de caminhar
depende de nós. Como está a sua
vontade de se iluminar?*

A bailarina

Colocar o dedo na ferida. Dói. Quando era criança, eu vivia com joelho ralado e casca de ferida. Lembro de cantar uma musiquinha que dizia "todo mundo tem casca de ferida, só a bailarina que não tem". Nunca me identifiquei muito com a bailarina.

Me recordo bem que, para sarar mais rápido, não podia tirar a casca da ferida antes do tempo. Mas eu bem que gostava de cutucar, olhar e mexer na tal casquinha. Qual criança nunca fez isso?

As minhas feridas já não são as de joelho ralado. Fico até um pouco envergonhada de dizer isso. Nem acredito que estou escrevendo. Sim, feridas e cicatrizes. No plural. Ser vulnerável é para os fortes. Quem não tem casquinha de ferida? Se machucar faz parte da vida.

Vivemos em um mundo doente em que somos ensinados desde pequenos a reprimir nossas emoções e a vestir uma máscara de que está tudo bem, mesmo quando não está.

Mas o que fazer com a dor? Pra onde ela vai? Certamente a maioria das dores leva tempo para criar casquinhas e ser processada.

Minhas feridas, minhas feridinhas, são minhas, somente minhas. Cabe a mim cuidar delas, passar remédio, dar beijinhos, usar esparadrapo se necessário e deixar que a casquinha caia em seu próprio tempo.

Na vida a gente encontra gente que coloca o dedo na nossa ferida. Gente que ajuda a gente a curar a ferida. Tem a gente mesmo, que precisa curar a nossa ferida. E, às vezes, a gente mesmo fica tirando a casquinha e parece que nunca vai sarar. Chamo isso de falta de paciência dramática.

Também tenho os meus momentos dramáticos e, muitas vezes, me divirto com eles. Darren e eu olhamos um para o outro e rimos quando percebemos o quão dramáticos estamos sendo em relação a um assunto qualquer. Quando a gente se pega sendo dramático, a gente ri. E, no minuto seguinte, deixamos o drama de lado e viramos a página. Focamos na solução.

Acontece que mesmo os melhores marinheiros, às vezes, se perdem no mar de drama criado por si mesmos. A visão fica nublada, a pressão instável, e parece que a noite é tudo que existe. Quando se passa muito tempo nesse mar, pode-se até confundi-lo com terra firme achando que é terremoto e o fim do mundo.

Chamo de mar de drama quando, no lugar de encarar a situação desafiadora com o desejo real de resolvê-la, a gente pega a situação no colo como se fosse um bichinho de estimação e fazemos cuti-cuti, dando toda a atenção e os mimos para que ela cresça forte e saudável até que inunda cada quarto da casa.

O que fazer?

Retire-se da situação. Não falei que seria fácil. Nossa, como eu ainda peno com isso.

Agora observe. Pegue as suas emoções, uma por uma e dê nome a elas. Permita-se sentir. Como se você estivesse encapando um livro ou um brinquedo que o filho leva pra pracinha. Olhe bem para esses sentimentos e saiba que eles fazem parte do pacote da experiência humana, ou, em outras palavras, não tem nada de errado com você.

Agora saiba que você *não é* esses sentimentos e esses sentimentos não são o reflexo da situação em si, e sim de algo que foi cutucado dentro de você. Talvez o buraco seja mais embaixo. Tenha paciência. Não deixe de sentir, mas também não permita que as emoções tomem as rédeas de seu dia. É um jogo de tira e põe. Olhe para a ferida, retire o drama criado pelo ego e coloque a confiança no espírito.

São os meus votos de que você e eu tenhamos o discernimento, a coragem e a força para que, quando no mar, encontremos uma ilha segura onde possamos nos afastar e, finalmente, sentir, ver, entender, perdoar, abençoar, libertar e curar. Quantas vezes for preciso. Por mim, por você, pelos nossos ancestrais e pelo futuro da humanidade. Permita-se.

A bailarina também tem feridas.

Não deixe de sentir, mas também não permita que as emoções tomem as rédeas de seu dia. É um jogo de tira e põe. Olhe para a ferida, retire o drama criado pelo ego e coloque a confiança no espírito.

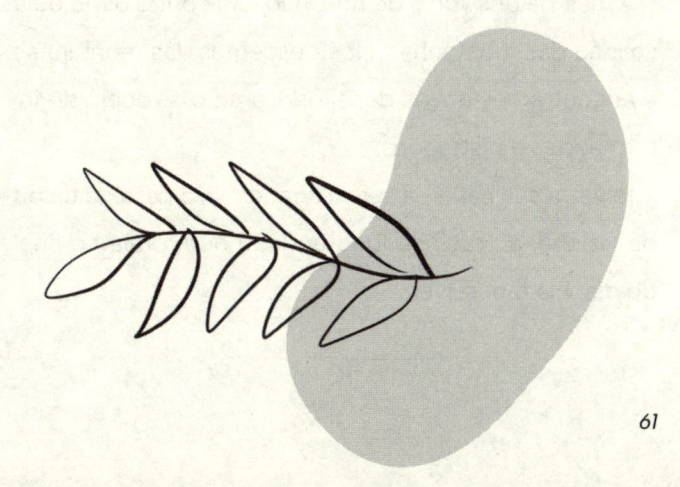

A caverna possível

Houve um tempo em que a minha maior vontade era viver em uma caverna. Isso mesmo, você leu certo: ca-ver-na. Eita, te surpreendi com esse desejo?! Pois por um bom tempo ele foi muito real.

Me lembro de abrir o livro *Autobiografia de um iogue*, na página da imagem do Babaji sentado em meditação na postura de lótus, e tudo que eu conseguia pensar era em ir morar em uma caverna como os yogis da Índia. Mais do que pensar, eu sonhava. Sonhava tanto que quase podia tocar com os dedos.

As montanhas não viraram minha morada, mas meus olhos foram percebendo que a minha quitinete de paredes verdes em São Carlos poderia ser minha caverna.

A fuga para a caverna pode tanto ser uma forma de nos encontrarmos quanto de fugirmos de nós mesmos. A escolha é nossa.

A maioria dos yogis de hoje não luta contra o frio ou a solidão das montanhas. Nós descemos das montanhas e encontramos novos desafios, como o atropelo de informações e distrações.

Talvez a sua caverna seja a academia, a casa da tia ou da vizinha, a pracinha logo ao lado ou a praia no final do dia. Ela é possível.

Um espaço só seu para você se desenvolver, se encontrar, se curar e se perder. Pode até mesmo ser um recorte do quarto ao lado de sua cama. Um canto embaixo da escada ou dentro do armário. A caverna possível e necessária para todos nós. Seja um cantinho da casa ou a casa toda. Um espaço para se isolar e silenciar.

A fruta de um novo dia

Eu não sou uma pessoa matinal.

Já li vários livros que indicam a importância de um bom começo do dia e de... acordar cedo!

Eu concordo.

Até já acordei muito antes de o sol nascer pra praticar yoga todos os dias quando estava na Índia. Antes de o sol nascer pra pegar ônibus e ir trabalhar do outro lado da cidade. Antes de o sol nascer pra dar aulas de yoga. Antes de o sol nascer pra meditar. Antes de o sol nascer pra embalar bebê. E, ainda assim, não me considero uma pessoa matinal.

Mas sabe, fiz as pazes com isso! E veja só que interessante o que aprendi. O método de contar até cinco da Mel Robbins não funciona pra mim. De forma bem simples, é essa ideia de basicamente não pensar – não permitir que a sua cabeça tome conta –, contar até cinco e pular da cama! Ou contar até cinco antes de fazer ou não fazer algo.

Eu preciso mais do que cinco. Eu preciso mais do que a soneca do despertador. Eu preciso mais do que o meu filho me dando beijinhos ou puxando os meus pés na cama... eu preciso de tempo. Digamos assim...

sou dessas redes de internet antigas que demoram pra fazer o download da alma no corpo.

Abro os olhos. Espreguiço os dedos dos pés. Reviro o corpo pela cama. Sinto o lençol embolar em meu tronco. Verifico a intensidade da luz no quarto. Espreguiço mais um pouco... percebo o meu rosto de olhos inchados e pela extraoleosa. Passo a língua pelos lábios e sei que é um novo dia.

Não sei exatamente o tempo que leva. Mas sei que devagar é o meu ritmo ao acordar. Acordar sem agenda. Acordar simplesmente saboreando o novo dia. A beleza de todas as possibilidades. Um novo começo de memórias a serem criadas, de rostos e emoções a serem acolhidos.

Existe mágica ao amanhecer e, pra mim, não é a produtividade. É o se deliciar com uma nova fruta. Pode ser difícil sair da cama ou eu estar superempolgada por um evento que vai acontecer. Independentemente de a fruta na minha frente ser doce ou azeda, eu me interesso em devorá-la. Sei que um dia ela não estará mais à minha frente.

Seja você uma pessoa que ama acordar com as galinhas, seja mais como eu, em um ritmo lesma matinal, o importante é se conhecer e compreender o que funciona melhor pra você. Uma vez que saiu da cama... tenha um bom-dia!

No muro da casa da minha avó

Algo bom sobre morar em Mato Grosso do Sul era estar perto das minhas avós.

Na casa da minha avó paterna, tinha um lindo e grande pé de manga em uma varanda enorme. O telhado era convidativo e de fácil acesso a minha agilidade de criança.

De cima da casa, eu podia ver longe e observar quase todas as árvores da vizinhança. Quando eu desaparecia lá em cima, não demorava muito para escutar alguém gritar: "Desce da casa, menina! Vai quebrar o telhado!". Eu ria por dentro e descia.

Às vezes, eu subia no muro entre a casa da minha avó e dos vizinhos pela graça de sentar em um lugar mais alto, de ter uma visão mais diversificada e da sensação de liberdade de observar tudo de lá de cima.

Eu me lembro bem de quando algumas das minhas amiguinhas ficaram menstruadas pela primeira vez, ou da minha mãe conversando comigo sobre o assunto. Também lembro de como me envergonhava quando alguma mulher da minha família me perguntava brincando se já tinha "grama nascendo na horta" ou quando avisava que logo os meus "melões" cresceriam.

Pois, em um dia, estava sentada no muro da casa da minha avó, e o vizinho, um senhor de idade, apareceu. Ele puxou conversa, não me lembro bem sobre qual assunto, e acabou por me perguntar se os meus seios estavam crescendo. Achei estranho e fiquei quieta.

Ainda nem usava sutiã e, bem me recordo, não tinha nada crescendo ali. Em plena luz do dia, ele me olhou de um jeito esquisito, disse "deixa eu ver" e me apalpou. Fiquei sem reação. Congelei e sabia – com cada pedaço do meu ser – que aquilo que ele tinha feito não era certo. Nunca ninguém tinha me tocado daquele jeito. Foram apenas alguns segundos, mas o suficiente para eu sentir medo e nojo, que anos mais tarde se tornaram raiva. Logo desci do muro, e o restante do dia foi triste.

Nunca mais sentei no muro da casa da minha avó. Mas foi a partir dele que meus olhos se abriram para um mundo que muitas vezes buscamos varrer para debaixo do tapete. Que a gente eduque, prepare e proteja nossas crianças.

Palavrão

Masturbação. Parece palavrão.

Vai. Tente falar mas-tur-ba-ção de forma tranquila, natural e de boa na frente dos seus avós, pais e vizinhos de infância.

Não vale ser pelo WhatsApp ou pelas redes sociais. No cara a cara mesmo. Aham… se você conseguiu esse feito com sucesso, parabéns!

Eu me lembro claramente da sensação de me masturbar quando adolescente e sentir a culpa dos céus descendo sobre as minhas mãos, quero dizer, sobre os meus ombros… um peso de culpa. De algo errado. Proibido. Feio.

Mas aí, quando eu pensava ou ouvia falar de meninos se masturbando, parecia a coisa mais natural do mundo. Me lembro de uma vez escutar alguém dizendo: "É normal para os homens, homens até os oitenta anos se masturbam. As mulheres que não precisam". Nunca tive a cara de pau de perguntar pro meu avô. Mas uma das minhas avós dizia: "Lavo bem, seco e pronto! Nem fico pegando".

Aaafff… o peso dos céus nas minhas mãos. Um peso maior ainda no meu clítoris, que uma vez ouvi falar ter sido um pênis cortado pela natureza! O quê? SOCORRO!

Lá fui eu roçar... não! Navegar os mares da minha sexualidade sozinha. Com um pouco de culpa, porém com muito mais prazer. Afinal, Deus não criaria o orgasmo à toa. Assim eu me masturbava, gozava e rezava.

Sim! Orgasmem! Pasmem! – ou não – mas gozar faz bem à saúde!

Ahh, sei! Você vai me dizer: "Fácil pra você falar, Pri! Tá aí casada... com um homem ao seu lado toda noite".

Sim. O sexo no meu casamento vai muito bem, obrigada. Mas isso não quer dizer que não me masturbe – sei que você queria me fazer essa pergunta! Eu sei.

E a grande vantagem de não ser mais adolescente sentindo o peso da culpa é poder ser adulta com um sugador de clítoris.

Ouvi falar que dar dicas está fora de moda. Mas olha aqui uma dica pra você que está no yoga e no caminho do autocuidado e do autoconhecimento. Disciplina e foco são essenciais na vida. Mas também o prazer.

Não confunda ser uma pessoa trabalhando pra ser uma versão sua mais inteira e feliz com ser uma pessoa que se abstém de si pra seguir receitas e mapas vendidos sem qualquer personalização.

Sinta prazer!

Prazer ao comer. Prazer ao se vestir. Prazer ao se olhar no espelho. Prazer ao passar um bom perfume.

Prazer ao se tocar. Prazer ao tomar banho. Prazer ao andar descalço. Prazer em sua própria companhia.

Tome o corpo que te acolhe como um presente a ser explorado. Investigado. Cuidado. Amado. Respeitado.

Não tô dizendo pra você se viciar em pornografia, hein?! Pooor favor! Já tô até lendo as reviews sensacionalistas… calma.

Respire.

Você não deve se permitir ser algemada ao que te dá prazer – o boy ou a girl pode ser bom/boa de cama, se não te trata bem, esquece –, mas não se esqueça de permitir que o prazer te sirva.

Com as bençãos dos céus, terras e mares. Há prazer ao nosso redor. Há prazer para você.

Não confunda ser uma pessoa trabalhando pra ser uma versão sua mais inteira e feliz com ser uma pessoa que se abstém de si pra seguir receitas e mapas vendidos sem qualquer personalização.

Reservatório energético

Nunca tive mesada, mas às vezes ganhava dinheiro de presente. Desde pequena, achava o máximo poder fazer o que eu quisesse com aquele dinheirinho. Poderia comprar um brinquedo da moda, guardar ou até mesmo doar.

Penso na vida como o maior presente de todos. E, agora que sou mãe então, ufa! Sei bem que esse presente não vem fácil, nem da noite para o dia.

Mães, pais, professores, cuidadores e por aí vai. Muitas vezes, nós somos aqueles com a maior facilidade em nos doar. Doamos o nosso tempo, o nosso conhecimento, o nosso aconchego. Doamos a nossa vida e temos prazer em fazê-lo. Tanto que muitos de nós trabalhamos literalmente sem dias de folga. Isso pode ser, ao mesmo tempo, gratificante e exaustivo.

Exaustão emocional, exaustão energética, é algo que podemos experimentar sem sequer a gente se dar conta. Boom! Parece que algo explode e, de repente, nos deparamos com a fadiga. Esse encontro não é legal, ninguém gosta, é chato mesmo.

Mas, e aí? Como a gente pode prevenir algo tão desagradável?!

O primeiro passo sempre é estar presente o máximo possível e se auto-observar. Como está o seu reservatório energético? Você tem tido mais facilidade em doar ou tem precisado de mais tempo para se reabastecer? Perceba se tem reclamado muito, mesmo que seja para você mesma, ou se tem sentido alegria e contentamento em poder ser fonte. Esse termômetro é parte importante do nosso autoconhecimento para que nosso tanque nunca fique vazio.

Seja honesta com você mesma: como anda enchendo o seu cantil?

Parece fácil não ter tempo para si. Difícil mesmo é escolher cultivar práticas que nos abastecem.

Batendo com a cabeça

Filha mais nova de quatro. Neta mais nova. Estudante de colégio militar por muitos anos. Cresci cercada de muito amor, mas também da constante sensação de que todos ao meu redor queriam mandar em mim ou achavam que sabiam exatamente aquilo que eu deveria fazer. Quem mais já se sentiu assim em algum momento? Essa sensação começa pequena e um dia você acorda e percebe que está te sufocando.

Lembro bem da fome por liberdade.

Como qualquer adolescente saudável, a necessidade de desafiar e descobrir quem eu realmente era se fazia cada vez mais presente e eu queria muito me sentir livre. Liberdade. Nessa busca por liberdade, no primeiro ano de faculdade, encontrei a bebida.

E, mesmo sabendo que eu nunca gostei de beber, me aventurei. Encontrei o álcool e com ele as diversas drogas nas quase diárias festas universitárias. Era barato, de fácil acesso e me fazia sentir como se fizesse parte de algo. Tentador.

Maconha nunca curti, mas experimentei porque não queria parecer careta; formol, que simplesmente rodava nos círculos, além de êxtase e anfetamina. Eu fazia parte da galera legal e, por um breve momento, me sentia livre.

Liberdade para fazer o que eu bem entendesse, para explorar e descobrir mesmo que não soubesse bem o quê. Como mãe, hoje percebo que essa busca vem de uma criação autoritária bem intencionada. Adolescentes rebeldes foram crianças silenciadas. Felizmente achei que o barato da maconha era isso: barato. O êxtase me ofereceu uma viagem na qual me sentia tão grande quanto a casa em que estava, mas a sede e o vazio do próximo dia não valiam a pena.

Fiquei bêbada com cerveja barata, vinho de supermercado e pinga fedida diversas vezes no primeiro semestre da faculdade. Foi um incidente em particular que mais me tocou. Em uma festa que tomei anfetamina, oferecida por uma amiga, adicionada ao álcool, bem... a combinação não deu certo. Lembro pouca coisa da festa em si, mas fiquei sabendo que discutiram se me levariam para o hospital ou para a república onde morava. Decidiram me levar para casa.

Meu corpo estava totalmente amolecido, e, quando me levantaram para tentar me carregar, minha amiga disse que eu escorreguei dos braços de quem estava tentando me levantar e caí no chão com a blusa levantada mostrando os meus seios. Depois, ela me contou que pensou: "Que triste. Nossa, a menina bonita que vi hoje na faculdade saindo da festa assim. Que triste".

No outro dia, acordei com uma ressaca imperial, roxos pelo corpo e calos na cabeça, sabendo que havia batido com ela diversas vezes. Pelo visto a havia batido, literalmente, um número suficiente de vezes para em breve perceber que aquela não era a liberdade que procurava. Que bom!

Por um tempo curto, ainda frequentava festas para estar próxima de pessoas pelas quais tinha afeição, mas já não bebia. Na verdade, logo fui eu quem ficava triste ao ver tantos adolescentes, tão inteligentes, em algumas das faculdades mais cobiçadas do Brasil – UFSCar e USP –, muitos de famílias de bastante recurso agindo como zumbis pela noite. Zumbis assim como eu, sedentos de amor, liberdade, direção e aceitação. Alguns caídos pelo chão sem senso de amor-próprio, outros consumindo mais e mais drogas para escapar de alguma realidade difícil demais para ser encarada.

Nunca me senti no papel de julgar quando via alguém vomitando pelos ares em situação lastimável, afinal, adultos fazem isso, por que adolescentes não fariam? Como pode se embriagar de álcool ainda ser algo socialmente aceitável?

Lembro que quando bem criança, peguei uma bituca de cigarro que meu pai havia jogado pela janela para experimentar. Ela já estava apagada, mas eu pretendia fumar e achava engraçado. Afinal, crianças imitam o que veem. Nenhuma ferramenta educacional é mais forte que o exemplo.

Quando fiquei mais velha, não lembro exatamente quando foi o meu primeiro cigarro. Como no começo das festas da faculdade eu bebia, foi fácil começar a comprar cigarro para acompanhar, e, apesar de eu ter cortado a bebida e as drogas, o cigarro continuou por mais um tempo... foi somente após estar comprometida com a minha prática de tai chi chuan que pude perceber em meu corpo os efeitos nocivos da fumaça.

No tai chi, pude respirar de forma consciente pela primeira vez. Por ser feita de forma inconsciente na maior parte do tempo, a nossa respiração pode ser considerada algo muito banal, mas de banal nada tem algo com o poder de ajudar a equilibrar todo o nosso sistema nervoso.

Através da respiração consciente, pude perceber o quanto o cigarro realmente me fazia mal. Em um dia andando pela cidade, tirei o pacote de cigarros do bolso e joguei fora. Simples assim. Joguei fora e continuei andando, literalmente sem olhar para trás. Essa foi a primeira vez na vida que autocuidado fez sentido pra mim. Em minha própria pele, pude perceber que cuidar de mim vale mesmo a pena. Não foi algo que alguém me contou, algo que eu li ou que já sabia racionalmente, foi algo integrado que o meu corpo todo vivenciou. Um pequeno passo de autocuidado e autoamor que começou em razão do meu encontro com o poder da minha respiração.

Bati a cabeça, mas pausei e respirei.

Desbrave

Com dezesseis anos, passei no vestibular de inverno da UFMS para zootecnia. Usei o fato para adquirir aceleração de estudos e, assim, no dia 4 de julho de 2003, terminei o terceiro grau.

Agora, livre das obrigações de usar uniforme e ir para o colégio todos os dias cedinho, poderia estudar em casa ou fazer cursinho e prestar vestibular novamente no final do ano, dessa vez para veterinária.

A pontuação que havia conseguido no vestibular de inverno era mais do que suficiente para passar e eu poderia estudar tranquila até as próximas provas. Tranquilidade é algo que naquela época meu coração não sentia.

Eu sempre amei os animais e me imaginava sendo uma excelente veterinária, seja de animais de pequeno ou de grande porte. Cresci em meio à lavoura e ao pasto, fazendas eram uma extensão da minha casa, do familiar, das memórias de criança, das tias e tios, da história da minha vida até o momento. O som do gado no mangueiro, o trotar do cavalo, o gosto do tereré gelado e a roda que o acompanha. O arroz-carreteiro, a geleia de mocotó e o doce de leite. A família grande e muitos conhecidos na região. Tanta facilidade era tentadora.

A carreira parecia ser mais fácil. O campo, a natureza e os animais eram pacíficos, por mais que eu soubesse que ser uma mulher veterinária representaria ter que lidar com machismo e preconceitos desde o primeiro dia.

O cérebro é capaz de apenas sentir falta daquilo que já conhece. A gente não sente falta do livro que não leu, da viagem que nunca existiu ou da conversa que ficou pra lá. O conhecido é significado de conforto. No entanto, algo dentro de mim gritava pelo desconhecido. Tem gente que chama esse grito de intuição.

Eu já não era criança e já não queria mais ser veterinária. Queria o desconhecido, mesmo que tivesse que pisar muito longe da minha zona de conforto. Mesmo com medo.

A verdade é que eu não sabia o que eu queria. Como eu diria para a minha família que eu simplesmente não sabia o que queria fazer? Então disse que queria fazer medicina. Sabia que não conseguiria a pontuação necessária se não me empenhasse muito e esperava que isso me comprasse um pouco de tempo.

Sempre gostei de estudar, de aprender e de carregar pra cima e pra baixo livros, apostilas, canetas e lapiseiras. O que eu nunca gostei foi da sensação de estar perdida. Quem gosta, não é mesmo?

Mesmo estudando em um dos cursinhos mais prestigiados, com todas as chances de ser bem-sucedida, a minha alma não se aquietava. Muitos foram os momentos em que eu levantava da mesa da biblioteca, ia ao banheiro e chorava. Eu tinha um livrinho de frases, de capa amarela, que eu levava comigo e abria de forma aleatória em busca de consolo. O consolo nem sempre vinha, e eu chorava. Limpava as minhas lágrimas e voltava para a mesa da biblioteca com as apostilas e o estojo pronta para estudar para o que nem mesmo eu sabia. Se eu pudesse voltar no tempo e me encontrar chorando no banheiro da escola, diria que tudo bem não saber o que eu queria fazer. Tudo bem se sentir perdida. Só se sente perdido quem está em busca de algo melhor.

Tem gente que encontra sua vocação com seis ou dezesseis anos. Eu me encontro na categoria que precisou experimentar um pouco mais para se encontrar. Pra mim parecia insano decidir o que faria com a minha vida toda sendo tão jovem. Veja, essa é uma ideia falsa que nos vendem... a de que podemos decidir apenas uma vez.

Na era da informação, podemos nos reinventar e mudar o percurso diversas vezes. Somos mais donos de nosso destino que antes. Hoje, mais da metade dos cargos em que as pessoas vão se aposentar nem sequer foram criados ainda. Já imaginou as possibilidades?

Pra quem me procura dizendo se sentir perdido em busca de vocação ou propósito, saia da zona de conforto, experimente, ouse; somente assim, você vai experimentar novas possibilidades. Não tenha medo de mudar de carreira, de cidade ou de país! Se jogue para se encontrar! O desconhecido vale a pena. O mundo é vasto. Confie em você. Desbrave.

Se jogue para se encontrar! O desconhecido vale a pena. O mundo é vasto. Confie em você. Desbrave.

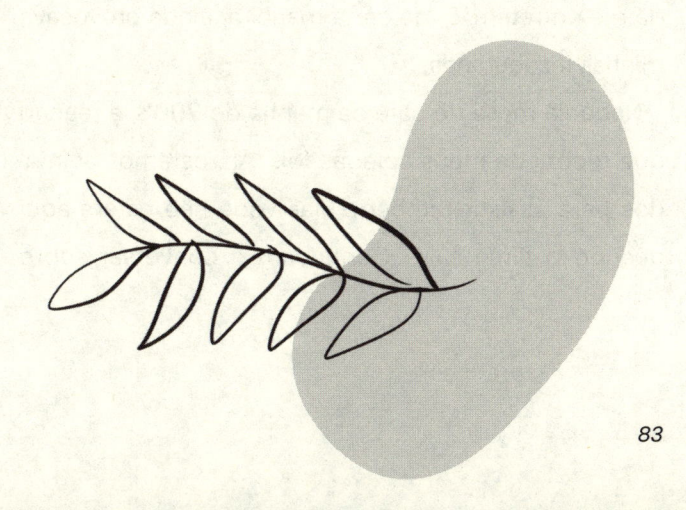

Kung Fu Panda

Toda vez que eu escuto a música "Kung Fu Fighting", me emociono.

Era 2008 quando o primeiro filme da série *Kung Fu Panda* saiu. Me lembro de estar sentada em uma mesa de café da manhã, pós-treino de tai chi, junto ao meu professor e aos meus colegas. Mencionei sobre o filme, que eu estava animada pra assistir e que a gente poderia assistir juntos – afinal, praticamos tai chi e kung fu juntos, então por que não?

Em uma tarde, após intensas horas de gravações de aulas de yoga, meu filho mais velho chega em casa e diz: "Quero assistir *Kung Fu Panda*!". É sábado e o único dia da semana em que ele pode assistir TV.

Pronto! *Kung Fu Panda* rodando, e a estranha sensação de passado e presente se pegarem pela mão.

Mesmo depois de mais de uma década, o filme ainda me entretém. E, de certa maneira, ainda provocava minhas inseguranças.

Naquela mesa de café da manhã de 2008, a reação que recebi de meus colegas foi: "Ah, estamos animados para assistir também. Mas você não estará aqui quando o filme sair". Continuam a conversar sobre o filme e seus planos como se eu já não estivesse ali. Porém, será que em algum momento eles realmente me viram?

Assim como no filminho infantil em que o Panda não é bem recebido pelos seus colegas em um primeiro momento, me sentia assim: deslocada. Fora de lugar naquele grupo a que eu queria tanto pertencer.

Todos nós precisamos pertencer. Todos nós humanos precisamos nos sentir amados. Vistos. Queridos.

Segui minha vida, minhas viagens, meus planos, e sigo ainda me perguntando. A qual grupo pertenço?

Certamente não ao de professores de yoga tradicionais. Tampouco ao grupo de praticantes de artes marciais.

Acho que o grupo em que mais me encaixo é o dos incomodados.

Somente os incomodados conseguem ter força e foco para mudar algo.

Me incomodei com o fato de o yoga ser uma prática elitizada. Procurei fazer com que fosse mais acessível.

Me incomodo com os gurus postos em pedestais, grupos espirituais que se julgam e agem como se fossem superiores ao restante das pessoas. Saí deles.

Me incomodo com a ideia de desperdiçar a vida. Desperdiçar sonhos. Desperdiçar a beleza. Me joguei no yoga.

Sim, Pandinha. Não tem nada de especial naquele

scroll. Só o seu reflexo.

    Verdade mesmo. Olho no espelho e percebo que me pertenço.

Paisagem interior

Existem trilhas cercadas de árvores verdes gigantescas, com troncos cobertos por musgos, por onde corro forte e centrada, sentindo o vento esfriar as minhas bochechas enquanto o meu cabelo, em rabo de cavalo, encontra um balanço ritmado rumo ao topo da montanha.

Lagos de águas tão paradas que parecem espelho refletindo o esplendor infinito de um céu repleto de nuvens tranquilas; sento em suas margens, e a quietude me faz companhia.

Grama fofa onde me debruço e soluço as lágrimas que merecem liberdade.

Vulcões aguardando o dia e o minuto certo para entrar em erupção. Rios que correm com tanta braveza que fazem a carne tremer. E existem tempestades em noites geladas, nas quais cada gota pesada toca o meu corpo nu deitado na lama, como se fosse uma espetada de dentro pra fora. Em noites assim, sinto a dor e o desespero onde parece que apenas o breu existe e a existência do sol foi esquecida.

Certas vezes, me encolho na posição fetal, pequenina, dentro da pequena gruta da montanha, em que me sinto sufocada e miúda, quase morrendo aos poucos.

Também existem areias azuis nas quais deixo o meu corpo escorrer sem preocupação, até encontrar o abraço das ondas do mar em um acalanto sem igual.

O céu estrelado é um retrato perfeito de casa.

Vejo e toco a neve no topo da montanha. Sinto, em cada parte do meu ser, como o impossível é possível.

Assim podem ser as paisagens da mente.

Pausa amiga da derrota

DER-RO-TA-DA.

Derrotada. "É assim que você se sente?", me pergunta Darren.

Depois de um plano de trabalho não ter dado certo. Mentira. Depois de um plano de trabalho ter caído de cara no chão, quebrado o nariz e ainda ter sangue escorrendo pela camiseta toda... figurativo e dramático. Mas peraí! Derrotada não!

"Triste", eu respondo. "Tô me sentindo muito triste. Vou pra cama deitar. Amanhã vou tirar o dia de folga para criar um pouco de espaço e reavaliar o que aconteceu." Cada rejeição é um convite para observar o caminho que queremos traçar. Redirecionar.

Eu já tombei muito no aikido. Mas foi no yoga que aprendi a sempre me levantar. Deixei a ideia de perfeição escorrer pra fora de mim com as gotas de suor no tapete.

Por isso, não me sinto derrotada. Banho quente. Cama limpa. Barriga satisfeita.

A certeza de que a pausa e o espaço adubam o jardim dos sonhos.

Derrota não existe quando a gente entende que a vida não é guerra, é dança.

Derrota não existe quando a gente entende que a vida não é guerra, é dança.

Plano de cinco anos

Todo mundo já ouviu a famosa pergunta: "onde você se vê em cinco anos?".

Me lembro de estar em uma entrevista de emprego quando a pergunta infame e eu nos confrontamos pela primeira vez. Na hora tudo o que eu conseguia pensar era... *bem, minha meta é viver o presente momento, então em cinco anos eu me vejo vivendo o momento presente*. Pensei. Sorri. Respondi qualquer outra coisa e consegui o emprego.

Hoje, muito mais do que cinco anos depois, eu reflito sobre onde me vejo nos próximos anos.

Eu amo caneta e papel, mais precisamente canetinha e papel.

Bora lá confrontar o plano de cinco anos. Escrevo ano por ano no papel, afinal sabemos como funciona o nosso calendário romano... e deixo as metas de cada ano em uma versão adesiva. Com a versão adesiva, consigo colocar, tirar, navegar e ter flexibilidade.

Essa flexibilidade no meu plano de cinco anos me faz deixar espaço para aquilo que a vida tem de melhor a oferecer: SURPRESAS!

Sim, porque, pra mim, ser flexível é entender que temos controle sobre muita coisa – escrever este livro, por exemplo, ou você acha que ele se escreveu sozinho? Mas não temos controle sobre muitas outras. Você gostar ou não deste livro, por exemplo.

Quando nos comprometemos a fazer o que está sobre o nosso controle – o nosso possível – e fazemos as pazes com o fato de que a vida não anda com panela de pressão na cabeça, mas é mesmo maluquinha, aprendemos a dançar pela linha do tempo da vida em vez de brigar com ela, ou pior, com a gente mesmo.

Risco a ideia de plano de cinco anos e, em cima, escrevo a pergunta: "Qual é o meu nível de felicidade?". Assim, sei que a bússola para atingir as minhas metas não é guiada por cobranças externas ou internas que não fazem sentido para o meu coração.

Sim, coração. Até escrevi e apaguei a palavra *coração* porque achei que poderia ter soado um pouco infantil; crescemos e esquecemos que escutar o nosso coração é coisa poderosa. Precisamos lembrar que prazer, alegria e contentamento verdadeiros são moedas de alto valor.

Pra mim, não é sobre como me vejo em cinco anos, mas sim, em cinco anos, poder olhar pra trás e me surpreender comigo mesma, com o quanto estive viva de verdade e dancei pela linha do tempo com integridade e presença.

As metas atingidas não foram apenas o convite pra navegar por outros mares, que me fizeram crescer como ser humano. Sim, em cinco anos não serei a mesma. Que alívio!

Preciso de você

Hoje descobri a chave para o meu trabalho. Parece fácil. Não é. Todos nós temos contas pra pagar, sonhos pra realizar e projetos pra sair do papel.

Vira e mexe vem a comparação. A ladra da comparação. Ladra, sim. Porque ela rouba muita coisa. Rouba a nossa felicidade, que poderia estar sentadinha com a gente aqui, agora mesmo. Daí ela rouba um diálogo mental amoroso, daquele que a gente tem com quem a gente ama. E, como se não bastasse roubar, ela coloca o diálogo mental da autodestruição no lugar: "Ah, mas a XYZ é muito melhor do que eu", "Eu não dou conta. Eu não vou dar conta", "Imagina eu sonhar tão alto assim?! Só vou me decepcionar". (Insira o diálogo que ela te deixou aqui.)

É nesses momentos que a gente para. Reflete. Pega no flagra! Ah! Comparação? Aqui não!

Mas então o que vai entrar aqui? Faço um convite à autenticidade. Ela é tímida e não é fácil de chegar e sentar como se já fosse de casa que nem a comparação. A gente nasce com ela, mas precisamos ser persistentes para que o mundo não apague nossa luzinha.

Convido-a mesmo assim. Porque, quando ela chega aqui na casa da minha mente, ela também traz de presente tranquilidade para o meu coração.

Sim, ninguém nunca vai agradar a todos. Pausa para deixar essa ficha cair um milhão de vezes. Bem caidinha mesmo. "Deixe essa bagagem, digo, bobagem, de lado", ela diz. Aquilo que faz a pessoa XYZ brilhar não é aquilo que te faz brilhar.

"O que te faz brilhar?" Ela pergunta como quem não quer nada. Pergunta simples, mas a resposta parece estar lá no fundo do poço... esquecida... deve ser por isso que às vezes a gente precisa visitar o fundo do poço mesmo. Ou às vezes a gente sabe bem o que é, bem lá no fundinho a gente sabe. O que falta é a coragem de admitir pra gente mesmo.

A coisa boa é que a resposta existe. Talvez ela não chegue tão facilmente como a comparação; talvez, assim como a autenticidade, ela ainda seja um pouco tímida. Mas a chame para tomar um café, quem sabe comer um brigadeiro?

Ela vem. E ela muda. Às vezes, ela vem através de experiências, através da pessoa no mercadinho ou uma inspiração que parece que veio assim... do nada. Olha só que danada! A autenticidade é tímida, mas ela já está fazendo o coração brilhar. Ela representa força, essa danada! Ela dá forças para acordar cedo, para virar madrugadas, para resolver desafios e, o mais importante, para acreditar. Ah, sim! É preciso acreditar. Acreditar naquilo que a gente faz. Quando a gente acredita, acredita mesmo, a força vem, o diálogo mental amoroso e amigo vem, a criatividade tem vez, a oportunidade surge e o brilho vem também! E o que acontece com a comparação quando a autenticidade chega já entrando na cozinha e abrindo a geladeira? Ela sai de mansinho pela porta dos fundos. Não, ela não vai chateada não. Ela conhece bem o seu papel. Ela sabe que o mundo precisa de você, sim, você mesmo lendo este texto. O mundo precisa de você! Precisa daquilo que somente você sendo você mesmo pode acrescentar ao mundo.

Sexy

A educação sexual que eu recebi foi: não vá engravidar. Quem mais escutou isso na adolescência?

Percebo que grande parte do nosso mundo ainda vive fazendo de conta que sexualidade não existe. Esse olhar pro lado e essa falta de educação podem resultar em abuso ou desrespeito com a própria sexualidade. Como se a maioria das pessoas andasse um pouco perdida, tropeçando umas nas outras, sem saber bem o que fazer ou por onde ir. A sexualidade é o elefante na sala. Sempre presente nas mídias e no cotidiano, nos influencia, mas preferimos fingir que não. A própria palavra *sexo* faz as bochechas rosarem.

Uma energia tão poderosa, capaz de gerar vida, merece o nosso respeito, não o nosso medo. Sim, porque medo e respeito são coisas bem diferentes. Medo é algo usado para manipular e controlar, enquanto o amor traz informação, discernimento e liberdade. Não amar e compreender a sua sexualidade é o mesmo que não amar uma parte de si, uma parte tão real e verdadeira do ser humano.

Existem linhas de pensamento diversas no yoga sobre como lidar com a energia sexual. Alguns pregam redirecionar a energia para outras atividades, outros canalizar para iluminação espiritual, outros para cultivar prazer e vitalidade, por aí vai. Pra mim é simples, algo para ser vivenciado, explorado, não temido ou rejeitado. E, caso haja abstenção, que seja por amor, que seja por liberdade, por escolha e felicidade, não por rejeição. Eis a voz de uma yogini moderna.

Medo e respeito são coisas bem diferentes. Medo é algo usado para manipular e controlar, enquanto o amor traz informação, discernimento e liberdade.

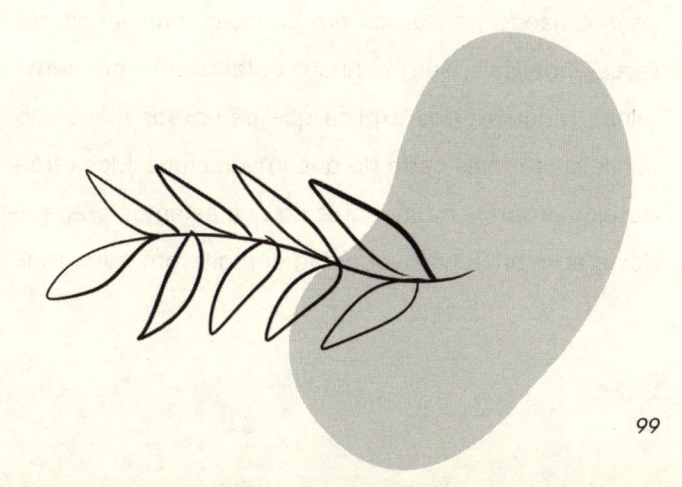

O que nunca me contaram sobre bebês

Sabe quando você vê um bebê lindo na rua e já sente a oxitocina correr na veia? Hoje mesmo na fila do banco vi uma mamãe segurando seu nenê e me derreti toda por dentro. Quem não se derrete vendo um bebê fofo, gente?

Eu imaginava que bebê era tudo igual. Assim, só pura fofura e ternura. Aí tive filhos... (Insira aqui risos altos de nervoso.)

Ninguém me contou – francamente, entre tantas outras coisas que deveriam ter me contado e não o fizeram, mas seria tema pra outro livro – que bebê não é tudo igual, não. Sai da barriga já sendo um serzinho todo único. Todo cheio de personalidade. E eles crescem! Cheios de peculiaridades. Cada um, um universo. Cada vez mais complexo e bonito com o passar dos anos. Quando pensamos em crianças, pensamos em seres angelicais, sem nenhum defeito, sem nenhuma "falha". Ninguém nos explica que os nossos filhos vão falhar muito mais cedo do que imaginamos. Eles terão desejos próprios muito antes do que estamos preparados a admitir. Talvez você não acredite em mim, mas eu juro de pé junto que cada filho meu foi diferente desde a primeira respiração. Assim somos nós. Seres únicos, muitas vezes machucados por tentarmos nos encaixar em caixas que não nos servem, usar sapatos que não nos levam a lugar algum e vestir chapéus que já nem mesmo deveriam existir.

Filho falha. A gente falha. Falhamos muito. Falhamos juntos também e, se dispostos, aprendemos juntos.

Ainda assim tem essa parte nossa que teima em querer sussurrar e acreditar que amar basta. Mas não basta. Tem que se relacionar. Ah, se relacionar dá trabalho! E se tocar que todo relacionamento não depende só da gente? *Hello*, tem aquela parte do relacionamento com filho que não nos cabe. Cabe a eles. Eles, que crescem em seus universos particulares. Eles, que não pertencem às nossas rédeas, nem ao nosso controle. Eles, que já nasceram livres em sua individualidade e que um dia vão, inevitavelmente, chegar ao topo da montanha e gritar: eu sou dono de mim. Talvez nesse dia, mas espero que muito antes, a gente perceba que somos nós quem pertencemos a eles.

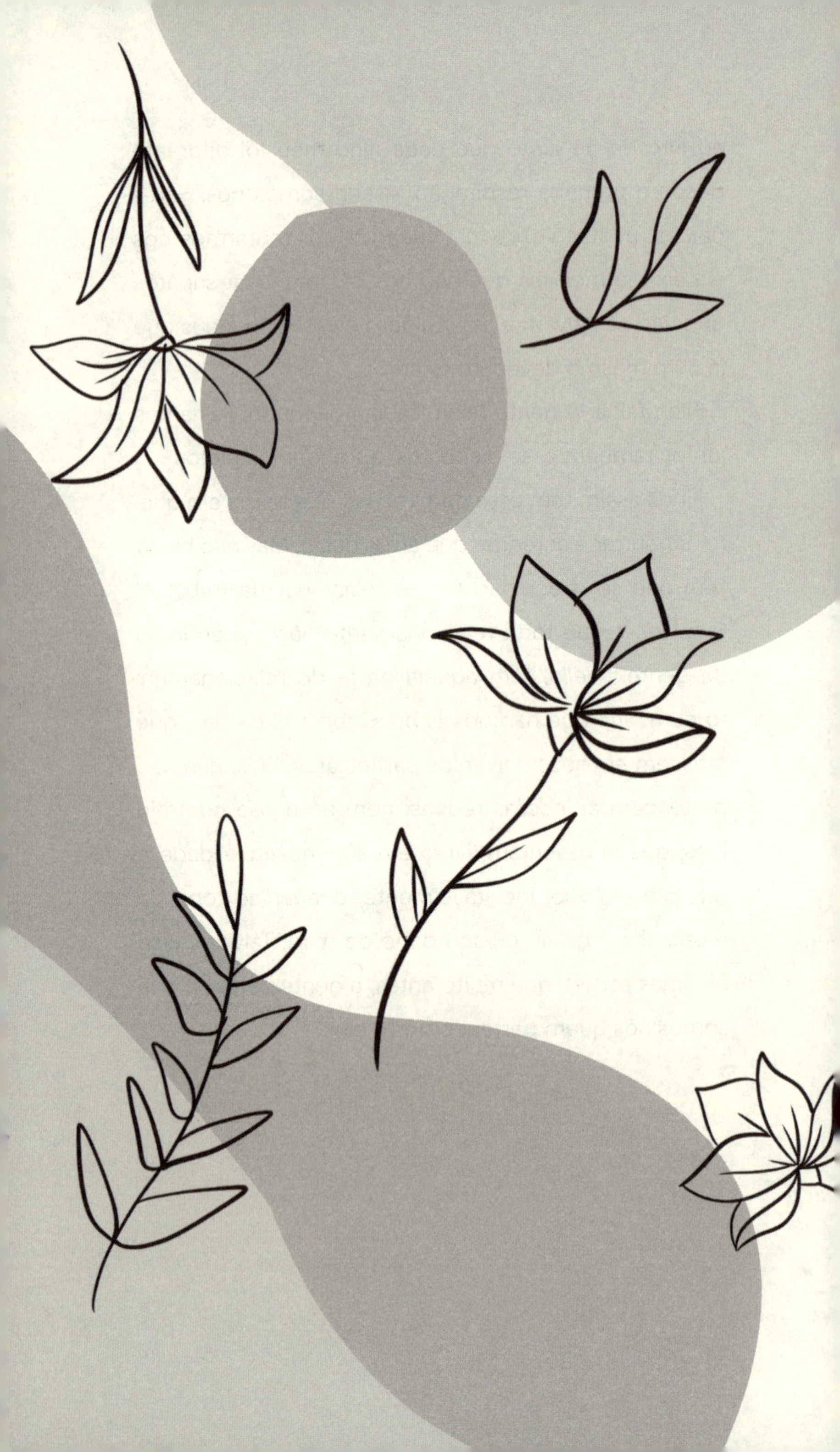

Leveza

A diferença

Eu gosto muito de dança. Já até me arrisquei a dançar profissionalmente uma vez aqui e outra ali. Também gosto muito de pintura e design. Porém, eu não entendo bulhufas sobre paletas de cor e hoje danço no banheiro quando consigo passar o delineador igual nos dois olhos.

Nem sempre a gente precisa entender ou ter talento para gostar.

Gostar é algo do coração e, como tudo que vem do coração, não precisa de explicação.

Estávamos sentados em um café quando vimos uma pintura, muito linda na minha opinião. Aponto para Darren dizendo como aquela pintura era bacana!

Ele responde: "Que ideia mais simples, qualquer um poderia ter feito. Aquele tipo de arte que a gente se pergunta se é arte mesmo".

Paro e observo ainda mais. Poderia eu ter feito aquela pintura singela? Hum? Coração, coração, em cima de coração. Não, parece difícil.

Será que eu conseguiria distribuir as cores de forma coesa?

Hum, acho que não. Ah, tô me sentindo meio artista hoje, vai... talvez... acho que sim.

Olha, já estou eu me achando artista, pintora e que já poderia ter feito uma pintura como aquela pendurada na parede e ser paga pela dona do café. Nossa, já estou até pintando em casa e ganhando dinheiro com as minhas pinturas! Eita imaginação bonita essa a minha!

Observo a pintura um pouco mais. Quebro o silêncio e digo: "A diferença é que essa pessoa pintou. Essa pessoa fez".

Damos risada.

Porque assim é a vida, é tão fácil criticar o trabalho alheio, dizer que poderíamos ou faríamos melhor, que deveria ser melhor, que não gostamos ou, no bom português, dar pitaco.

Quem nunca deu pitaco sem ser convidado na vida ou no trabalho alheio que atire a primeira pedra. Muitas vezes, além de possivelmente ferir o coração de alguém, podamos projetos ou pessoas, ainda em forma de botão, e todos nós perdemos em não os ver crescer e desabrochar. Na dúvida, deixe a crítica de lado.

Simples assim. A diferença na arte, na vida, nas mudanças do nosso planeta é feita por quem faz. Não por quem critica.

Alimentação, prazer

Pão de queijo. Pão de queijo. Pão de queijo. Pão de queijo.

É tudo em que eu consigo pensar. Pão de queijo.

Te deu fome? Gosto muito de comida, e pão de queijo está na minha cabeça... e no forno.

Alimentação é um tema polêmico, mesmo entre especialistas, algo que eu não sou. Então por que falar sobre isso? Porque, quando praticamos yoga, começamos a prestar mais atenção no nosso corpo e no que colocamos nele. Sem contar que muita gente me pergunta e quer saber o que eu como.

Sou apenas uma pessoa que come. Vejo a forma como me alimento como um carinho para o meu corpo, um gesto de gratidão por esse maquinário que trabalha dia e noite sem parar para eu poder estar aqui, vivinha.

Acredito que alimentos, assim como tudo mais que eu consumo, funcionam como um voto. Cada compra é um voto. Um voto para aquilo que eu trago dentro da minha casa, e para o mundo que eu quero contribuir a criar.

Quero deixar bem claro a minha posição de quem acredita – junto a diversos cientistas – que a alimentação à base de plantas é a melhor para o meu corpo e para o planeta.

Mas, quando se trata de alimentação, o buraco é mais embaixo...

Alimentar é um ato de afeto.

Quem aí lembra da macarronada da vó no dia de domingo, do churrasco do pai em datas comemorativas, ou do brigadeiro com as amigas nas tardes de conversas longas?

Quando alguém cozinha pra você algo delicioso, é uma forma de dizer "eu te amo". Cria-se uma sensação de amor e conforto sem igual. O mesmo acontece para quem cozinha e oferece amor em forma de comida.

Alimento é fonte de prazer, de vínculo e de memórias.

Fale a verdade, eu sei que você já experimentou alguma comida na sua vida que significou uma explosão de fogos de artifício na sua boca?! Uma comida sensacional, que deu o que falar.

Nós, seres humanos, precisamos de prazer. Somos movidos pelo prazer. Se comer ou transar não fosse prazeroso, nossa espécie não sobreviveria. O nosso cérebro busca prazer.

Você já parou para pensar quanto prazer existe na sua vida hoje?

O dia a dia da grande maioria das pessoas envolve muito estresse e pouco prazer. Uma das formas mais rápidas e certeiras de encontrar esse prazer momentâneo é a comida.

Podemos viver tanto no piloto automático que mal prestamos atenção naquilo que comemos e na quantidade do que colocamos no nosso prato e, muito menos, investimos tempo para apreciar o nosso alimento.

Atire a primeira pedra quem não come na frente das telas, quem não abre a geladeira, come em pé sem nem mesmo sentir o gosto da comida porque está entediado, quem não se afoga em açúcar porque está "na bad", e por aí vai.

Muita gente me pergunta se o yoga ajuda a emagrecer. A resposta curta é sim, caso essa seja a sua vontade. Existem práticas de yoga, como power e vinyasa, que envolvem cárdio e queima de calorias. Mas, na minha opinião, a principal maneira que a prática de yoga mais ajuda a emagrecer é através do combate à ansiedade e do cultivo ao prazer. Quanto mais você cultiva atividades prazerosas no seu dia a dia, menor é a chance de assaltar a geladeira por puro tédio ou ansiedade. Essa é uma das razões pelas quais incentivo os meus alunos em minhas aulas a sentir prazer ao praticar, e a prática nunca deveria ser vista como uma obrigação, mas como um refúgio que você sabe que vai te fazer sentir mais em paz.

Observe bem: não é tudo preto e branco.

Vejo muitas pessoas achando que não podem praticar yoga porque estão acima do peso. Caso o seu médico tenha te recomendado não praticar yoga, tudo bem, mas, se é apenas por questões de estética, me parte o coração saber que pessoas que querem e podem se beneficiar da prática se sentem intimidadas. Seja por questões estéticas, de corpo ou de roupa.

O que comemos faz parte da nossa identidade, da nossa cultura e de nossas raízes. Questionar a nossa alimentação requer questionar quem somos, e essa é uma indagação que causa dor e medo para muitos. Alimentação saudável requer coragem para olhar para dentro, para mudar e para aceitar os nossos limites.

A turma da carne *vs.* a turma sem carne. Do vinho *vs.* não vinho. Do açúcar de vez em quando ou açúcar jamais, e por aí vai...

O tema da alimentação dá pano pra manga, e acho que pelo menos em relação a essa questão podemos concordar.

Me deixe contar pra você a minha história com a carne, já que isso é algo que muita gente me pergunta.

Eu nasci e cresci no Mato Grosso do Sul, onde a pecuária é superforte. Claro que tem foto minha com seis meses de idade chupando carne.

A verdade é que eu sempre, desde que me dei por gente, preferi peixe. Se eu tivesse que pensar em carne, carne era peixe pra mim.

Cresci e, na minha adolescência, descobri que existia um grupo de pessoas esquisitas que não comiam carne. *Nossa*, pensei comigo... *essa ideia de não comer carne nunca nem sequer havia passado pela minha cabeça, nem sabia que existia essa possibilidade*. Achei interessante e nada mais.

O tempo passou, eu já estava na faculdade e, como qualquer pessoa na minha situação, eu usava o pouco dinheiro que tinha para ir a festas em vez de comprar carne (que sempre foi cara!). Até me lembro que eu levei um peixe congelado para a república e durou um semestre inteiro. Foi tudo que eu comi de carne sem nem sequer pensar nisso. Estava mesmo focada em guardar dinheiro para as festas.

Depois que a minha época de festas fervorosas passou e eu comecei a treinar artes marciais, percebi que a minha vontade de comer carne, que nunca foi grande, tinha quase desaparecido. Foi quando o meu professor sugeriu experimentar não comer carne, nem peixe, por um tempo. Veja bem, ele sugeriu. E eu não acatei a sugestão. Até que um dia comi uma galinha no Restaurante Universitário e vomitei até ficar verde. Aí, sim, pensei comigo que iria experimentar não comer carne mesmo.

Experimentei não comer carne e, pra minha surpresa, gostei.

Me senti muito mais leve, mais disposta e diria até mesmo tranquila. Depois de um tempo, percebi que a minha vontade de comer carne havia desaparecido. Viu só, eu não como carne porque realmente não sinto vontade nenhuma. E confesso que acho nojento e triste comer cadáver, mas conheço pessoas que não querem comer carne e sentem uma vontade enorme de comer!

E aí? O que fazer? Eu digo: coma carne. Isso mesmo, você está lendo o livro de uma professora de yoga que não come carne há mais de 15 anos te dizendo pra comer carne. Como assim? Antes de os críticos recortarem só este pedacinho do livro e sensacionalizarem, me deixe explicar.

O que eu posso dizer é para você se esforçar sem forçar. Pois, quando forçamos algo, não conseguimos ser consistentes. Posso te dizer para honrar os seus limites, não alongar mais do que o seu limite para não se machucar ou fazer uma postura que o seu corpo não está pronto para praticar. Não posso dizer que a sua alimentação ou a sua vida devem ser assim ou assado. Preto no branco. A escolha deve sempre ser sua.

A prática de yoga não é receita de bolo de caixinha. *Ahimsa*, por exemplo, significa *não violência*. A quem? No caso da alimentação de animais, estamos, sim, sendo violentos e cruéis. Mas, como professora, se eu não respeitar e forçar uma postura de yoga ou conduta de vida para um aluno, sou eu quem está sendo violenta e machucando essa pessoa. Cada um tem os próprios pés para trilhar sua jornada.

Você tem interesse em parar de comer carne? Ótimo. Não tem interesse? Ótimo também.

Para quem quer parar ou diminuir o consumo de carne: primeiro, observe o quanto de carne você come no seu dia a dia. Aí, escolha um ou mais dias da semana sem carne. Observe como você se sente. Aumente ou diminua à medida que você se sinta mais confortável.

Se tem interesse em se alimentar de forma mais saudável, aqui vão as minhas dicas:

- Verifique e anote quais são as suas "comidas que promovem conforto" e procure substituições mais saudáveis.

- Reconheça a associação emocional que você tem com a comida em geral e com as comidas específicas. A comida na sua vida representa uma grande forma de ter prazer? De promover sensação de controle? De válvula de escape? De autopunição? De conforto?
- Quais são as memórias que você tem em relação à comida? Sua família comia junto ao redor da mesa e era um momento feliz? Você foi alguma vez forçado a comer algo que não queria?

Ai, meu pão de queijo! Forno já apitou!

Pois é, eu não gosto de leite animal. Não bebo leite e não sinto falta. Também não sou fã dos derivados. Depois que tive os meus filhotes e amamentei, não consigo imaginar separar uma cria da mãe para roubar o leite que não foi feito para mim.

Mas e o pão de queijo?! Comi um vegano em São Paulo que tava muito bom. Agora, vai tentar achar pão de queijo aqui em Los Angeles e ainda mais vegano pra ver se você encontra!? Ah! Vai ter gente que vai falar: faça você mesma a massa, Pri. E eu respondo. Não. Não quero. Não gosto. Não vou. Não é prioridade no meu dia. Vamos de pão de queijo congelado do mercado da esquina mesmo.

Essa é a coisa com pão de queijo, brigadeiro e guaraná. Não importa onde no mundo eu esteja, essas são coisas brasileiras que me trazem mais pra perto não apenas do meu país mas também da sensação de estar entre pessoas que falam a mesma língua, que celebram os mesmos feriados e que dividem a mesma história. A temperatura e a umidade certas. São brincadeiras que apenas brasileiros acham engraçadas. E o cheiro e o gosto de casa.

Quando eu como pão de queijo congelado ou brigadeiro cheio de leite condensado, coloco a parte racional que sabe que aquela é uma comida que não faz parte do meu cardápio para descansar. Simplesmente me permito, como pão de queijo e bebo o guaraná sem peso na consciência porque sei que aquela comida não é para nutrir o meu corpo, mas o meu coração. Me permito um alívio.

Coração não é estômago e não deve viver de comida.

Na minha casa damos preferência pra comida de verdade. Mas sem paranoia.

Hoje tem uma tigela de pão de queijo feliz.

O que eu posso dizer é para você se esforçar sem forçar. Pois, quando forçamos algo, não conseguimos ser consistentes. Posso te dizer para honrar os seus limites, não alongar mais do que o seu limite para não se machucar ou fazer uma postura que o seu corpo não está pronto para praticar. Não posso dizer que a sua alimentação ou a sua vida devem ser assim ou assado. Preto no branco. A escolha deve sempre ser sua.

Love of my life

"Baby, you were the love of my life."

Eu não consigo parar de escutar essa música do Harry Styles. Então espero que você também a escute para que fique também na sua cabeça e a gente tenha essa memória juntas!

Quem nunca sonhou com o amor da sua vida? Um príncipe ou uma princesa encantada?

Não existe.

A vida é vasta demais para termos um grande amor apenas.

Foi no final da primavera em Londres que conheci Darren, meu esposo americano. Me lembro exatamente do dia.

Eu, de New Balance azul-brilhante nos pés, trabalhava no bar de um hostel. Passava *Forrest Gump* na TV e ninguém queria estar dentro. Todos aproveitavam o feriado e o sol lá fora.

Ele entrou vestindo um suéter vermelho, com os ombros soltos e o sorriso fácil. O resto virou história.

Claro que não! Virou trabalho. Se relacionar dá trabalho! A vida não é nenhuma história de conto de fadas. É muito melhor que pão francês, é croissant cheio de camadas e complexidades.

Eu, que jurava que nunca iria casar, tive que casar no papel para que pudesse morar nos Estados Unidos e ter uma chance de viver esse amor. Com tanto tempo juntos, acabamos por considerar que nos casamos organicamente. Nas escolhas do dia a dia.

A escolha de casar não vive no sim que a gente dá na frente do juiz, do padre ou do rabi. A escolha de casar é feita todos os dias em que a gente se dispõe a estar presente um para o outro, sem ter medo de baixar a guarda, ser vulnerável e comunicar nossos medos e necessidades. Também de escutar.

Eu, que tinha cabelo roxo e piercing na língua, sou a única das minhas amigas mais próximas que virou mãe. Surpresa!

A receita de bolo de caixinha nunca foi minha ambição. Estuda. Trabalha. Fica noiva. Casa. Tem filhos. Isso tudo foi uma consequência das escolhas que se apresentaram na minha vida.

Pra mim, mais de uma década atrás, assim como hoje, uma coisa era clara: quais são as chances de eu me arrepender se eu não fizer isso?

Darren e eu, assim como a maioria das pessoas, começamos a nos relacionar de forma despretensiosa. Aaahhhh... aquele amor que tem história de pegar na mão pela primeira vez, do primeiro beijo e do primeiro "eu te amo".

Deu medo? Mas será que eu me arrependeria de não me relacionar com esse cara? Vai com medo mesmo.

As pessoas me perguntam, ou francamente se surpreendem, por eu estar em um relacionamento por tanto tempo, e, pra mim, a resposta é bem simples: os dois têm que querer.

O desejo do outro está fora do meu alcance.

Apenas posso buscar compreender o que eu quero. O que me satisfaz. O que eu busco. O que é importante pra mim.

Estar em uma jornada com alguém comprometido em buscar autoconhecimento e comunicação efetiva, assim como você, é muito joia!

A princesa e o príncipe que viveram felizes pra sempre não tiveram que passar por crises, revoluções e reinvenções juntos.

A frustração e a infelicidade fazem parte de todo relacionamento, porque fazem parte da vida. Como a gente lida com elas diz muito sobre como navegamos pela vida dentro e fora de relacionamentos.

Todo relacionamento precisa de espaço para que cada pessoa possa viver seus processos de forma livre. Relacionamento bom liberta. A gente fica porque quer. Porque escolhe diariamente, sabe bem que toda escolha tem consequência. E, como bons adultos, sabemos que somos os responsáveis pelas consequências de nossas escolhas, não é mesmo?

Sorte a minha de ter alguém que topa viver tudo isso aí comigo. Viva Londres, que me presenteou com você.

Todo relacionamento precisa de espaço para que cada pessoa possa viver seus processos de forma livre. Relacionamento bom liberta. A gente fica porque quer.

Esse corpo que te gerou

Olho para baixo e vejo meu filho prestes a adormecer grudado no meu peito. Você olha para as mãozinhas mil e quatro vezes. Que perfeição. Deus tem que existir. Como pode uma perfeição dessa estar nos meus braços? Não. Acho que é uma Deusa. Sim, Deus é uma Deusa bem foda.

Sou espírito. Só espírito. "Esqueça o corpo", muitos disseram. Deixe de lado o mundo material. Isso tudo é ilusão. Bobagem.

Mas o espírito mora onde? Na carne. Não acredito que o espírito escolheria uma casa que não fosse apropriada.

A carne é linda! Bendita a carne de vossa carne. O fruto de suas entranhas. Aquele que sai da vagina, se alimenta nos peitos e é carregado nos quadris antes de andar com as próprias pernas. Mas você esqueceu? O corpo que te gerou?

A natureza que nos gerou.

É aqui que você deve estar

Você já teve a sensação de caminhar pela rua e saber que está exatamente onde deveria estar? Cada passo parece certeiro e leve, o vento tem a temperatura perfeita e, ao acariciar o seu rosto, parece suspirar no seu ouvido: é aqui que você deve estar. Pois foi assim que me senti quando mudei para São Carlos. Leve. Confiante. Mesmo sem saber a razão.

Foi em um final de tarde assim, sem mais nem menos, que fui convidada a participar de uma aula experimental de aikido.

Meu amigo morava na casa em frente à minha e disse assim: "Peraí que eu vou lá em casa pegar uma calça de quimono pra te emprestar". Aquela calça de quimono e um camisetão em um tatame da USP seriam o começo de algo que eu ainda não sabia.

A primeira aula foi um sucesso. O professor não compareceu, por isso o aluno mais velho o substituiu.

No caminho de volta para casa, meu amigo me perguntou o que eu tinha achado.

Por dentro pensava: *você tem que aprender a cair, rolar e levantar com graça*. É preciso estar cem por cento presente em conexão com o seu centro de gravidade e a energia do seu parceiro. É uma dança linda e sofisticada de movimentos originados a partir do seu centro que se ramificam para os pés e as mãos. E, claro, o coração, que precisa estar aberto para o corpo estar leve em ordem de manter o equilíbrio dinâmico de dar e receber.

Aikido é um máximo! Foi paixão à primeira queda! Sim, porque saber rolar leva tempo, prática e pode ser divertido!

Por fora a resposta foi: "Achei interessante".

Compareci a mais aulas, e mais aulas. Comprei o meu próprio quimono. Conheci o professor, que finalmente compareceu ao tatame.

Cair, rolar e levantar. Com graça. O que poderia ser mais poético que isso?

Você já teve a sensação de caminhar pela rua e saber que está exatamente onde deveria estar? Cada passo parece certeiro e leve, o vento tem a temperatura perfeita e, ao acariciar o seu rosto, parece suspirar no seu ouvido: é aqui que você deve estar.

É bonito

Eu nem sempre amo bem. Até dói escrever isso.

A gente não ama com "A" maiúsculo de incondicional. Totalmente incondicional. "Mas, Pri, você não ama os seus filhos incondicionalmente?" Sim. Eu os amo hoje e sempre. Mas, se você me permite ser bem honesta, quero muito que eles me amem de volta. Caso eles parem de me amar, caso mudem de ideia, se o mundo virar do avesso, eu ficaria muito mais do que acabada, dilacerada e em pó. Agora pense comigo, se é para eles que eu guardo o meu melhor amor, o maior e mais puro, dói admitir que mesmo a minha melhor forma de amar ainda é egoísta.

Eu sei bem que muita gente não gosta de admitir que não sabe amar muito bem. Não é fácil. Afinal, não seria simplesmente amar o suficiente?

Não. Tudo seria mais fácil se apenas amar fosse o suficiente, né? A verdade é que a gente ama de acordo com quem somos e com o que podemos.

Amar é uma ação. Amar é verbo.

Quem nunca quis ser amado de uma forma por alguém, mas o amor recebido não era o desejado?

Até mesmo o nosso amor-próprio pode estar capenga.

Sei que posso falar por mim.

Amo assim, às vezes um pouco torto.

Amo às vezes com vaidade, outras vezes com pena.

Amo com medo, amo com rancor e até amo com vontade de não amar.

Amo com alegria e exaltação.

Amo com deslumbre e amo com gratidão.

Amor, amor puro mesmo, acho que é apenas coisa dos céus.

Sigo amando um amor capenga, que é aquele que eu consigo, e me conforto em saber que amar é verbo e que posso continuar a aprimorá-lo. Nunca será perfeito, mas aprender a amar melhor é bonito.

Sigo amando um amor capenga, que é aquele que eu consigo, e me conforto em saber que amar é verbo e que posso continuar a aprimorá-lo. Nunca será perfeito, mas aprender a amar melhor é bonito.

Felicidade

Hoje, passeando pelo feed do meu Instagram – sim, você leu certo –, passeando pelo feed do meu próprio Instagram, me deparei com uma foto de 2015 que me chamou muito a atenção. Meus cabelos estavam curtos, acima dos ombros, soltos. Eu com o pé na areia em alguma praia de Los Angeles. Calças vermelhas esvoaçantes e top preto de yoga. Impossível não perceber a minha cintura pré-bebês. E, acima de tudo, a foto que me captura de costas me traz uma leveza de que às vezes sinto falta. Como se fosse algo que tivesse ficado lá em 2015. No passado das ondas da Califórnia.

Éramos eu, uma câmera, um tripé e um microfone zoom. Munidos de um grande senso de propósito. Talvez eu nem tivesse escutado essa palavra na época: *propósito*.

Pra mim era mais simples mesmo. Vontade de ajudar. Parece tão bobo escrever isso. Vontade de ajudar as outras pessoas. Um sentimento tão bom que quase parece que a gente deve sentir vergonha dele. Como assim? Você queria ajudar as pessoas? Não queria ser famosa? Rica? Agora tá aí capa de revista e escrevendo livro. Quanta gente te conhece!

Não. Eu não queria ser uma versão famosa pela qual as pessoas facilmente me reconheceriam no shopping, no avião ou na escolinha do meu filho. E, também, não me preocupava tanto quanto deveria com dinheiro.

Pura e simplesmente, queria ajudar as pessoas. A equação era simples: yoga me faz tão bem = yoga deve fazer bem a mais pessoas também. Simples. Simples.

Eu não tinha acesso à prática de yoga = provavelmente outras pessoas também não têm acesso. Bem. Se agora eu tenho acesso a essa maravilhosidade, vou dividir com todo mundo. Sabe como é... quando o brigadeiro é bom de verdade, a gente divide. Porque coisa boa a gente compartilha que fica mais gostoso.

Em Bhakti Yoga, conhecida também como yoga devocional, muito se fala sobre servir. Muitas vezes, quando a gente pensa em servir ao próximo, pode ser que a imagem da Madre Teresa venha à mente. Uma vida de grande abdicação e até mesmo sofrimento. Uma pessoa magrinha. Pobrinha. Ou, como minha amiga costumava brincar sobre São Francisco de Assis, alguém que nem toma banho. Uma vida assim... para os santos. Não algo para meros mortais como eu e você – que tomamos banho.

Brincadeiras à parte, pra mim, servir é um dos maiores prazeres da vida. E não é um prazer ou um caminho reservado a seletos santos.

No momento eu apenas seguia o que fazia o meu coração bater tranquilo. Parece bobo. Parece fácil. Mas quantos de nós vivem caminhando pelas ruas com o peito apertado?

A minha paz, a minha alegria e o meu prazer vinham em simplesmente poder servir. Essa foi a minha intenção ao fazer videoaulas para o YouTube e jamais imaginaria que ele se tornaria o maior canal de aulas de yoga em português!

O meu prazer. O meu senso de estar a serviço.

Existem várias maneiras a partir das quais podemos estar a serviço uns dos outros, não apenas em nosso trabalho.

Quando ajudo as pessoas a pausar e a respirar. Estou a serviço.

Quando eu levo o meu filho de médico em médico. Estou a serviço.

Quando amamento meu bebê na madrugada solitária. Estou a serviço.

Quando invisto tempo em me cuidar. Estou a serviço.

Quando me cuido, o mundo inteiro se beneficia. Se cuidar não é luxo. É essencial. As pessoas ao nosso redor agradecem. Obviamente, a gente também.

Servir a algo maior que nós mesmos pode parecer egoísta, afinal, nós somos os maiores beneficiários do prazer que é poder fazer algo que beneficie alguém.

Felicidade é poder viver uma vida que eleve outras.

Felicidade é poder viver uma vida que eleve outras.

Malha pra que te quero

Não sei se é compaixão ou empatia. Mas acho que é paz.

Chego ao consultório usando a tal da malha. Malha nada mais é que um macacão de compressão usado para que as pessoas que escolheram fazer cirurgia possam se arrepender de suas escolhas. O negócio aperta. Coça. E, mesmo assim, tem gente que ama. Só penso no dia que direi gratidão ao estilo Marie Kondo e adeus à bendita malha.

Por hora o alívio é de uma hora na sessão de drenagem linfática. Tiro a malha.

Sentada procuro relaxar, na medida do possível que consigo relaxar sem roupa na frente de uma pessoa estranha.

Fecho os olhos e respiro ao sentir os meus ombros mais pesados. A sensação de estar chegando em casa. De sentir meu corpo e mente no mesmo lugar quando... a massagista começa a criar conversa. Como ainda estou um pouco devagar, respondo com "uhum" e "aham" até que algo me chama a atenção.

"Vi no Instagram esses dias que essas mulheres feministas só vão se ferrar. Porque, pense bem, elas querem fazer tudo sozinhas, não querem ajuda nenhuma de homem nenhum, nem para criar os filhos e, depois, elas vão sofrer tendo que fazer tudo sozinha."

A minha mente grita. O meu cérebro checa com o meu ouvido pra ter certeza de que escutei bem. A minha primeira reação dentro da minha cabeça é chamar essa mulher de burra! Burra! Você acha que sabe algo sobre feminismo porque viu um post no Instagram. Oi? Respira, Priscilla. Por um segundo, meu cérebro quer buscar as referências bibliográficas dos muitos livros que já li para explicar por A + B que não é bem assim. Mas aí a palhaça seria eu. Enquanto eu respirava, ela já havia começado a falar de outras coisas e parecia que não iria se importar com o que eu falasse – porque eu não era naquele momento uma pessoa no feed dela.

Eu sei. Você sabe. Nós sabemos, ou deveríamos saber, que feminismo não é sobre planejar o fim de todos os homens da terra para que todas as mulheres possam fazer tudo sozinhas.

Feminista ou não. Pouco importa. O que importa é que mantive a calma. A compostura, como diria minha mãe. Ainda perplexa em ouvir tamanho absurdo da boca de uma mulher que terminou o terceiro grau – e está massageando meu corpo, socorro! Eu gosto dela. Olho pra ela e já nem consigo chamá-la de burra na minha cabeça. Nem consigo ter raiva ou vontade de mudar a opinião dela. Simplesmente ouvi e respeitei em paz. Ela não chegou até aqui ontem. Ela tem uma história inteira que desconheço. Esse é o melhor dela hoje. E, nessa área, realmente ela tá por fora, mas não impede que ela manje de outras coisas interessantes.

Ser humano é um troço complexo. A gente olha e acha que entende, acha que sabe, acha que conhece. Mas não. Por trás de cada pessoa, tem uma história só dela – que não cabe em post de Instagram ou briga de WhatsApp.

Na maior parte das vezes, é difícil encontrar pessoas que percebem o mundo de uma maneira tão diferente da nossa, seja o assunto qual for. O desconhecido assusta porque afronta a realidade do nosso chão. Por isso tanta gente grita, berra, chama o outro de burro. Me encaixo aqui nessa "tanta gente" também. Essa tanta gente não seria "quase todo mundo"?

Acabou a sessão e me sinto em paz comigo mesma. Depois que a adrenalina acalma, a gente consegue se ver mais como semelhantes do que diferentes, e a gente escolhe as nossas batalhas mais sabiamente.

Cada pessoa tem a sua história, e cada um escolhe suas batalhas. Hoje a minha é a de proteger a minha paz.

Para os amigos de imigrantes

Desculpas pelo casamento que não pude ir, pelo baile de formatura que não fui e pelo recém-nascido que não segurei.

Que falta você faz.

Você que cresceu comigo. Você que me viu me transformar em camaleão.

Saiba que você não é esquecido. Você das festas até o amanhecer, você que cozinhou brigadeiro, lasanha e bolo de cenoura. Você que lavou a minha roupa e que me deu carona.

Você do tereré e do jogo de cartas. Das tardes mansas e das manhãs cansadas.

Você que sabe como é não viver na terra natal e você que quer sair do país.

Saudade. Porque pode não parecer, amigo, mas levo um pedacinho de você comigo.

Perigo

Tudo começa com um pequeno e inocente shorts do YouTube.

Nossa! Que cabelo lindo! Penso comigo. Quem é essa menina, mesmo? Aahh! Aquela do Havana, bam, bam... etc. Olha só! Já tinha escutado algumas das músicas dela, mas nunca tinha assistido a nenhum *music video*. Me deixe dar uma olhadinha.

Duas horas depois, direto do túnel de não sei onde gastei meu tempo, saio convencida de que se eu tivesse uma franja como a de Camila – já estamos ficando íntimas –, eu ficaria como ela: muito sexy!

Meu cérebro decidiu me lembrar dos fatos. Quero dizer, eventos passados que servem de evidência quase científica de que não, eu não fico bem de franja, e de que cada vez que eu cortei minha franja depois dos dez anos de idade me arrependi. Ufa! Respiro e vou dormir.

No outro dia, achava que a razão iria prevalecer, mas em um momento de ócio com uma tesoura por perto... perigo! Coloquei o celular na mesa pra usar o vídeo como se fosse espelho e pensei: *ah, quem na vida nunca cortou uma franja e se arrependeu!*

Separo os fiozinhos e enrolo, enrolo, enrolo, enrolo até não dar mais e concretizo o ato. Nasce uma franja. E, quase instantaneamente, nasce um arrependimento.

Tiro algumas fotos pensando que se eu postar no Instagram alguém vai pelo menos me enviar uma caixa de Tic Tac ou grampos pela caixa postal. Olho as fotos e não tenho coragem nem tempo de postar. O ócio já acabou, e o trabalho me chama. Só um pouquinho tarde demais.

Mais tarde ainda. Sentada na frente da minha penteadeira já à noite, disfarço os fios cortados entre os longos e nem parece que tenho franja! *Voilà!* Me olho no espelho enquanto passo hidratante facial e percebo que meu rosto parece mais aberto. Será que foi o efeito da franja escondida?

Passo um lip gloss e me amo um pouco mais com a pele hidratada.

Esses momentos em que paro pra me olhar no espelho são quase como um ritual em que eu posso olhar e honrar as Priscillas que já foram. O mais empolgante? Imaginar as Priscillas que ainda serão.

Bailando a dança da eterna reinvenção. Mesmo sem franja aparente. Obrigada, Camila Cabello.

Bam.

Bam.

Por isso, lembretes

Para crescer, é preciso ter raízes; para ser fonte, é preciso ter abundância; para ser feliz, é preciso equilíbrio. Por isso, cuide-se.

Estar presente para cultivar confiança e segurança através da conexão genuína e gentil. Por isso, olhe nos olhos, se conheça e se permita ser visto.

Pausar é realmente escutar nos momentos fáceis, mas principalmente nos mais desafiadores. Por isso, seja a presença leve que, mais do que ouvir, escuta.

Sempre pode ser a última vez. Por isso, ame.

Seja seu melhor amigo. Por isso, espalhe lembretes pelo banheiro, pela cozinha e pela sala com mensagens importantes pra você.

Por isso, permita-se mais um pouquinho.

Não espere que te escrevam cartas se você pode ser seu lembrete diário de ousadia e amor-próprio.

*Não espere que te escrevam cartas
se você pode ser seu lembrete diário
de ousadia e amor-próprio.*

Derrete igual sorvete em dia de verão

A lindeza do sol. Quem já ficou a noite toda acordado esperando o sol nascer sabe a alegria de ver os primeiros raios da manhã.

A luz e a vida que o sol nos traz fizeram com que diversas culturas, como a dos egípcios e dos maias, o venerassem. Em yoga, temos a saudação ao sol, uma sequência completa em si.

Já eu, gulosa que sou, gosto da sensação dos dias de verão vividos ao ar livre com muito calor do sol derretendo nosso sorvete. Sorvete escorrendo pela casquinha até lambuzar toda a nossa mão.

Verão e a alegria de estar mais próximo à natureza, encontrar prazer nas pequenas coisas e relaxaaarrrr.

Deite na rede na varanda, deite no chão gelado da sala, deite na cama cheirosinha antes de dormir, deite no tapete de yoga no final da aula e se permita derreter que nem sorvete no dia de verão. Como a leveza das férias escolares bem vividas, dos verões de romance e do abrir das janelas para a luz entrar! Deixe toda a tensão derreter. Relaxe pra aproveitar esse momento que é só seu.

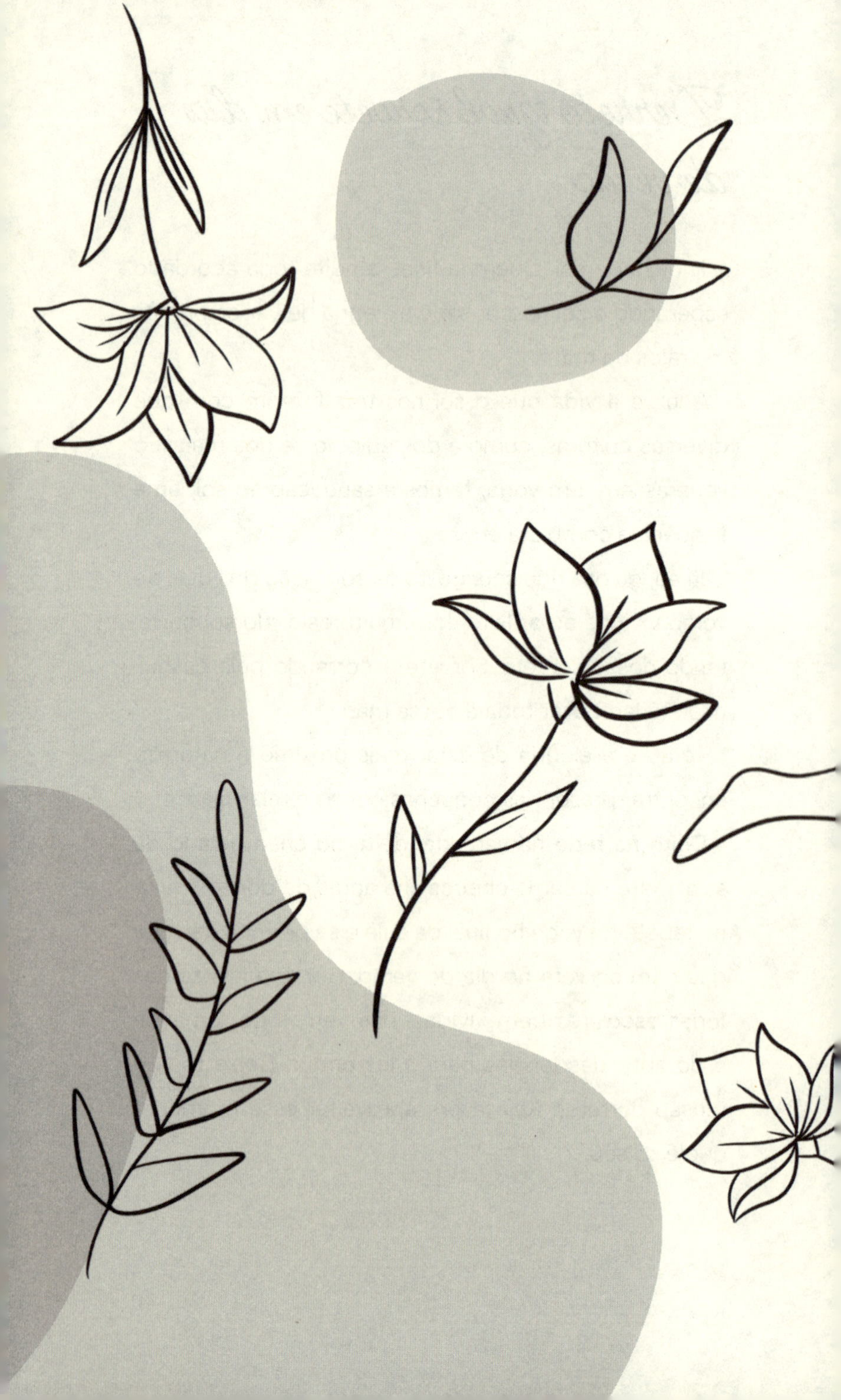

Equilíbrio

A arte de fazer nada

A arte de fazer nada para ter disciplina. Tudo bem se você não concordar.

Cá estou meio sentada, meio deitada em minha cama limpinha – luxo da vida adulta – tomando latinha de Coca-Cola. Sim, você leu certo. Coca-cooola. Mas por quê? A Coca-Cola não é saudável, e, como professora de yoga, eu não deveria apenas tomar e comer coisas saudáveis? Claro que não.

Meu marido comprou a coquinha e deixou na geladeira. Culparei meu marido? Não. Eu mesma estava com preguiça de fazer um chá gelado... tá calor, e eu queria algo gelado no fim da noite. A preguiça foi grande e a bebida que desentope pia ganhou, partiu Coca-Cola mesmo. Nem sempre isso acontece, viu? Mas é por uma ocasião especial. Hoje eu estava me preparando para gastar bem pouca energia mesmo. Não tinha saldo energético nem pra fazer chá. Ficar sem fazer nada.

Aahh! A culpa de ficar sem fazer nada? Joga fora no ralo da pia e derrama Coca-Cola por cima.

Algo que eu aprendi é que sempre terá algo me esperando para aprender, responder, comentar ou observar. A vida não para, e, se a gente não para, a vida passa por nós.

Na pausa do não fazer nada – além de hoje excepcionalmente beber Coca-Cola –, eu me permito apenas ser. Essa é a minha parte favorita da prática. E acredita que tem gente que foge dela? Ai, ai. Não vai me falar que você foge do relaxamento final da aula? Da nossa amada shavasana.

O relaxamento final da aula de yoga é superimportante para que o seu corpo calibre os efeitos da sua prática. No dia a dia, também precisamos permitir que o nosso corpo e nossa mente tenham espaço para digerir tudo, e tanto, que absorvemos.

Não fazer nada é fantástico. Não fazer nada é criar espaço para a mágica acontecer.

É quando você lembra onde guardou aquele brinco que a sua avó te deu e você pensou que tinha perdido, quando o nome do seu negócio aparece como presente e quando o coração tem a chance de bater aliviado. Até mesmo contente.

Até ouso dizer que não fazer nada é a porta para a disciplina.

Me deixe lhe contar algo que talvez você não saiba sobre mim. Eu já quis ser ninja. Verdade, não tô tirando com a sua cara. Eu tinha essa ideia – secreta – de que, se eu treinasse muito, muito, artes marciais, eu poderia ter superpoderes. Ser tipo Bruce Lee (eu sei que ele não era ninja, ok?).

Eu imaginava, e já que tenho imaginação fértil, imaginava mesmo que, se eu treinasse sem parar, isso poderia acontecer. Sem parar. Como dois pontos que se encontram e criam uma linha reta com destino infinito, eu enxergava disciplina como algo reto e de destino infinito. Porém, em apenas uma direção, já que não dá pra eu voltar para a barriga da minha mãe. Um vetor. Reto e certeiro.

Não virei ninja. Nem mesmo faixa preta. Aparentemente, minha imaginação era muito mais forte que as curvas da vida. No entanto, eu aprendi algo muito interessante com esse exercício imaginativo. Aprendi que havia me apaixonado pela prática. Pela caminhada. Pela respiração. Pela mudança no meu corpo. Pela clareza na minha mente. Pelo amaciamento do meu coração. E, por tanto mais, o prazer pela caminhada.

Eu percebo a disciplina como a habilidade de voltar para algo que me faz bem e me faz melhor.

Voltar porque não é vetor. É circular.

Para ter disciplina, é preciso saber pausar. Olhar a pausa nos olhos, abraçar forte e dar um cheiro.

Pode ser uma cirurgia no joelho, um puerpério ou até mesmo a mãe que ficou doente. O filho que se encrencou na escola, o carro que enguiçou ou o seguro que não cobriu o furto. Seja por vontade própria, seja por vontade do seu corpo ou da vida mesmo, garanto que você vai pausar. Eu espero que seja com a bebida gelada em uma mão. E que, na cabeceira, você tenha as chaves do prazer que abrem as portas de não fazer nada tranquilamente. No momento oportuno, volte pra fazer o chá gelado sem dúvidas ou peso na consciência.

Você quer ter mais disciplina? Aceite que pausar faz parte, e jamais permita que uma vírgula se transforme em ponto-final.

Algo que eu aprendi é que sempre terá algo me esperando para aprender, responder, comentar ou observar. A vida não para, e, se a gente não para, a vida passa por nós.

A tal

A tal da cirurgia.

Já ouvi de "Você vai se arrepender" a "Pelo amor de Deus, é sofrimento demais". E a minha favorita: "Vai sair toda curvada!".

Curvada está a minha vergonha. Eu, que antes tinha vergonha de sequer pensar em fazer uma cirurgia plástica, agora canto aos quatro cantos como pra mim foi uma decisão acertada. Mas mesmo assim não foi fácil.

Veja bem, um dos grandes temas que mais escuto depois que virei mãe é "diástase".

Pra quem não sabe, é a separação que ocorre na musculatura do reto abdominal – pense na musculatura da barriga aberta, melhor, pense em um buraco na barriga. É mais ou menos isso. Um buraco. Estranho, sei, mas é isso. Um buraco na barriga.

É algo que ocorre naturalmente durante a gestação. Depois que o bebê nasce, a musculatura de algumas mulheres volta a se juntar, e de outras não. Logo depois da minha primeira gestação, percebi que me encaixava no último grupo. Busquei ajuda profissional. Lógico. Uma amada fisioterapeuta me avaliou e passou alguns exercícios pra eu fazer. Ela, querendo ser gentil por ser alguém naturalmente doce, me deu um sorriso sem graça ao dizer: "Não vai voltar, tá? Mas, se você fizer os exercícios direitinho, não vai sentir muita diferença".

Eu, determinada que sou, voltei pra casa com a listinha de exercícios em uma mão e uma pílula de "levarei minha consciência corporal para o próximo nível" na outra.

Pule pro futuro.

Pule mais um pouco.

Tive o segundo filho.

Pule mais ainda.

Isso. Para o momento em que a dermatologista, definitivamente não tão doce ou mesmo pouco gentil, nem me olha na cara enquanto diz: "Iiixiii, isso aqui só com cirurgia. Você já pensou em fazer plástica na barriga? Ah! Mas do jeito que tá aqui acho que é até perigoso sua pele não aderir depois da cirurgia".

Engulo o susto em seco. Se sorrio ou se choro, não sei, mas tenho certeza de que só me lembro já estar no elevador descendo em direção ao estacionamento onde rezo para encontrar o meu senso de direção.

COMO ASSIM?! Eu! Logo eu? Eu não. Pausa dramática para o choro dramático de quem sempre acha que só acontece com a gente e ninguém mais, sendo que sempre acontece literalmente com milhões de outras pessoas também – choro mais um pouco com dó de mim mesma. Afinal, nada melhor que um bom choro, porque a gente tá sentindo dó da gente mesmo e porque perdemos a perspectiva das coisas.

Por que eu? Eu que como bem. Eu que me exercito. Eu que sou forte. Eu que sou flexível. POR QUÊ?

Pule para alguns meses depois.

E eu já observo o meu esposo saindo sem roupa do banho e penso: *por que o meu corpo, e não o dele?! Isso é justo? Porque eu tive que zoar o meu corpo pra ter os nossos filhos?*

Me julgue. Mas trago verdades. Quantas mães e gestantes nunca se rebelaram ao peso biológico – nem tô falando nada aqui do emocional e social, vamos cobrir o básico mesmo. A carne, o osso, o sangue e os dentes que de nossos se tornam de nossos filhos.

Ah! Os julgamentos. Se a mulher engorda, está desleixada. Se a mulher emagrece, parece doente. Se faz plástica, é fútil. Se não usa maquiagem, é descuidada. Se trabalha cuidando dos filhos, não tem ambição. Se trabalha fora, é egoísta. Aaaahhh! Vamos parar, né?

Agora, eu mesma me vi escutando o discurso interior irresistível que muitas amigas e queridas leitoras podem sentir: *poder gerar uma vida é o milagre mais lindo da natureza. Como você poderia reclamar?*

Sim! A experiência de gerar é um privilégio mágico. Algo divino. Mas não vamos fazer de conta que ele não vem com um preço. No meu caso, mais especificamente cinquenta mil reais.

Esse foi o preço da cirurgia pra corrigir minha diástase e a flacidez da minha barriga, que traumatizou a dermatologista sul-mato-grossense.

Muitas alunas me perguntavam como planejava fechar minha diástase com os exercícios de yoga, e em cada pergunta eu sentia um fracasso. Enquanto eu via posts de mulheres de calcinha escrevendo o quanto elas amavam o seu corpo depois dos bebês, só conseguia me olhar no espelho e não me reconhecer. Essa não sou eu, a gestação me fez assim. Com o mesmo peso de antes da gravidez, eu me olhava no espelho e não me reconhecia. Fora que já estava começando a machucar os meus joelhos e as minhas costas.

Aaahhh. Mas a Sandy fechou a diástase sem entrar na faca.

Bom, eu não sou a Sandy, ok?

Muito mais do que ok. Acordei aos poucos depois da anestesia já passando as mãos na minha barriga e me sentindo mais eu. Mais fechadinha. Sabe, sem um buraco onde não deveria ter.

"Pri, doeu?" Sei que sua curiosidade pergunta. E eu

respondo: "SIM!". As primeiras duas semanas foram muito desconfortáveis pra mim. Mas agora sei que posso me sentir melhor pro resto da vida. Os frutos que queremos colher no futuro plantamos no presente. E eu já estou me sentindo muito melhor e em paz.

A pressão do "corpo perfeito" e a pressão do "se aceite exatamente como você é" são farinhas do mesmo saco disfarçadas em embalagens diferentes.

Eu prefiro algo mais chocante. A tal mulher que usa o seu corpo da maneira como ela bem entende.

Abra o pote de sorvete

Uma vez estava lendo o livro de uma musa muito maravilhosa – alguém que admiro e respeito – no qual tinha uma passagem mais ou menos assim: a gratidão produz o hormônio da felicidade, ocitocina, então na próxima vez que você quiser abrir o pote de sorvete, pause e sinta-se grata que será a mesma coisa, menos as calorias.

Cinco médicos em cinco dias. Duas visitas ao pronto-socorro. Adicione a esse cenário noites mal dormidas, um útero gritando de tão cheio prestes a sangrar e uma pitada de sobrecarga mental.

Haverá dias, cara leitora, que não vai ter lista de gratidão, meditação, respiração, yoga, óleo essencial, terapia, corrida, levantamento de peso, abraço... e todo o resto que estiver em sua caixinha de primeiros socorros que vai servir.

Haverá dias que simplesmente o equilíbrio é fazer justamente aquilo que não costumamos fazer. Ou mesmo aquilo que talvez a gente já batalhou pra mudar e não mais fazer.

É, prestar atenção em sua necessidade do momento de forma visceral. E isso pode ser, sim, abrir um pote de sorvete. Na noite de hoje, mesmo sabendo que preciso dormir, com o meu cérebro frito e corpo cansado, pra mim, sentar no sofá – com o pote de sorvete aberto – e assistir à série *Big Little Lies* é simplesmente o prazer pagão que muitos chamariam de pecado na religião do mundo da saúde e do bem-estar.

Às vezes, sinto que estou sendo repetitiva aqui.

Você já entendeu que equilíbrio é algo dinâmico, que disciplina vive na flexibilidade e que autocuidado não é luxo nem só creme na pele.

Mesmo assim, parece que, muitas vezes, especialmente nós mulheres, precisamos de permissão. Permissão até mesmo pra abrir o pote de sorvete em paz. Sem nenhuma vozinha falando de calorias ou gritando que açúcar é veneno. Isso sem nem lembrar do sofrimento da teta da vaca e do bezerro se esse sorvete for de leite animal.

Permissão para sair da linha. Isso é sobre o que estamos falando aqui, senhoras e senhores. Permissão para sair da linha imaginária que traçamos para nós mesmas e também as que nos são dadas. Sair da rotina. Sair dos rituais. Ligar doente pro trabalho ou faltar à escola sem necessidade aparente. Resolver comprar uma roupa verde para deixar o guarda-roupa repleto de cores neutras mais pop.

Permissão. Você não precisa dela. Eu também não. Mas cá estamos aguardando a permissão uma da outra. Quase como se em um pacto silencioso, a gente se lembrasse de que ser um ser cíclico, em um mundo reto, pode ser sufocante, solitário e provocar uma sensação de que algo está errado. Nada está errado.

Pode ser que pelo caminho a gente se esqueça devagarinho da nossa essência. Da nossa espontaneidade. Do nosso poder e da nossa capacidade. Da nossa história. Aí chegamos sussurrando uma no ouvido da outra: "Abra o pote de sorvete – em paz – e assista a *Big Little Lies* – em paz. Permita-se em paz". Somos cíclicos, o equilíbrio é dinâmico, e a paz não é exclusiva do tapete de yoga.

Permita-se em paz. Somos cíclicos, o equilíbrio é dinâmico, e a paz não é exclusiva do tapete de yoga.

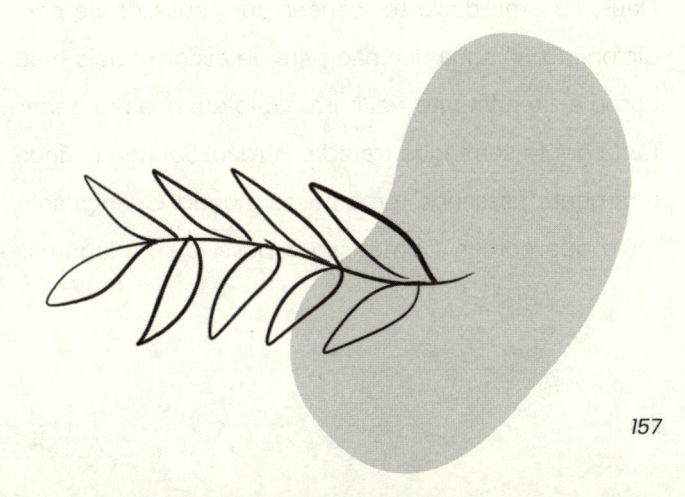

Ansiedade do condicionador

Dia de lavar o cabelo. Quem mais aí tem o seu?

Sim. Porque, apesar do calor, do suor e da poeira, eu não tenho condições de lavar o cabelo todo dia. *Habemus* coque alto!

Entro no banheiro bem cedinho animada para massagear o couro cabeludo com muita espuma. Um banho longo e demorado. Água quentinha. Adoro!

Olho para o novo condicionador com um desenho de canguru no rótulo. Aaah! Cangurus são tão fofinhos, penso. Logo minha mente desencadeia uma série de pensamentos que acordam a minha ansiedade na base do grito.

Mas essa garrafa do condicionador é de plástico! Podia ter comprado um condicionar de barra. E a quantia de ingredientes tóxicos que estão entrando na minha corrente sanguínea através da minha pele!? Ai, meu Deus, não me deixe ter câncer por causa desse condicionador. A água que não para de escorrer pelo meu corpo e, literalmente, vai para o ralo era boa pra beber. Tanta gente sem água tratada. Perdão, Senhor. E ainda tem gente passando fome nesse mundo. Criança sem ter o que comer. Como isso é possível? As lágrimas já se misturam com a água potável do chuveiro. E os peixinhos do mar!? O mar tá todo cagado de plástico. Socorro!

Desligo o chuveiro. Cabelos limpos. Consciência nem tanto.

A verdade é que muito do que deveria ser responsabilidade pública ou das grandes empresas — como as do meu condicionador — foi repassada para o consumidor. Nós, como indivíduos. Vou dar um exemplo rápido. Lembra da garrafa de Coca-Cola de vidro retornável? Então. Em vez de a fábrica cuidar das garrafas de vidro, fica mais barato pra Coca-Cola colocar tudo em plástico e depositar a responsabilidade pela reciclagem no consumidor.

Qualquer pessoa que busque olhar além do seu círculo imediato — alguém que cultive se importar com algo ou alguém além do próprio umbigo — vai inevitavelmente se compadecer da situação do nosso planeta e da humanidade. Afinal, o clichê "somos um" é verdade.

Muitas vezes, conforme nossa percepção do outro aumenta, aumentam nossas dores. Mas essas dores não devem nos congelar, elas devem nos mover.

É humanamente impossível no mundo atual fazer todas as nossas escolhas as melhores para o mundo, para o próximo e para a gente. Não preciso te dizer que o condicionador de plástico não é a melhor escolha, né? Mas era o que tinha pra hoje.

Escolha as suas batalhas. Se não usar plástico, comer orgânico, apoiar negócios locais, incentivar programas de educação, consumo de moda consciente, e por aí vai. Quem sabe um pouco de tudo? Mas não se cobre – ou cobre dos outros – fazer tudo de acordo com o que alguém escreveu em algum lugar porque o mundo está acabando. Faça o seu possível. Se possível, sem deixar de aproveitar seu banho.

Muitas vezes, conforme nossa percepção do outro aumenta, aumentam nossas dores. Mas essas dores não devem nos congelar, elas devem nos mover.

Perfeição

Você conhece alguém que é perfeccionista? São grandes as chances de que sim.

Talvez você mesmo se considere perfeccionista. Eu não. Nunca fui perfeccionista. Eu sou o tipo de pessoa que lava a louça, limpa a pia, mas não seca tudo ao redor com a toalhinha.

Eu até passava um rodinho na pia quando era criança, mas hoje em dia uso mesmo somente as mãos. Existe muita coisa boa em ser assim mais tranquila.

Jamais teria o meu canal no YouTube se eu fosse superperfeccionista. É sempre a luz que não é boa, o som que não sai bem, a sequência que às vezes eu esqueço no meio da aula, e por aí vai; principalmente no começo, pois a gente nunca é bom em nada logo de cara.

Saber disso me ajudou a me jogar no mundo sem medo, pois sabia que daria o meu melhor, e o meu melhor seria mais do que suficiente. Mesmo sabendo que o meu melhor não era perfeito.

Equilíbrio

Só de escrever a palavra *equilíbrio* parece que já quer me dar uma coceira aqui atrás da orelha.

A primeira razão: o moço do Boticário. Isso mesmo.

Estava eu em um Airbnb em São Paulo, prestes a ir pra uma reunião, quando me deparo com a verdade da mala de viagem: havia esquecido meu spray de cabelo! Logo eu, que vivo com coque no topo da cabeça pra fingir que não estou descabelada. Digamos assim... eu precisava muito de alguma coisa mais forte que água para acalmar os fiozinhos teimosos antes da reunião importante.

Meu anjo da guarda me lembrou de ter visto uma loja do Boticário logo abaixo e do ladinho do apartamento onde estou.

Desço as escadas ainda com sapato em um pé e no outro sem. Chego na loja levemente ofegante e digo: "Você tem algum spray de cabelo?".

Uma moça muito gentil começa a me atender e a me oferecer diversas opções e kits – KITS!

A frustração deve estar estampada no meu rosto, quando sorrio e digo (normalmente eu sou uma pessoa mais legal): "É que realmente estou com muita pressa e um spray de cabelo agora é muito importante pra mim. Só quero o spray mesmo. Você tem?".

Entra em ação O MOÇO. Com ar de "deixa comigo que essa cliente eu resolvo". Ele me pergunta qual nível de *hold* eu gostaria. Explico que o mais forte possível. Tipo gel mesmo, tá bom.

Ele titubeia me lembrando de que gel está fora de moda. E revida: "Mas por que você precisa de um *strong hold*?".

"Sabe o que é...", digo já com as pernas inquietas de quem quer fazer xixi. "Eu sou professora de yoga, me movimento muito e gostaria de manter o meu cabelo no lugar o máximo possível."

E tô com muita pressa mesmo, e, apontando para a mão dele e segurando um spray qualquer, digo que "Esse aí mesmo tá bom".

Ele olha sem piedade em meus olhos para soltar a pergunta que você nunca vai perguntar a um professor de yoga: "Mas, se você é professora de yoga, não deveria estar calma, equilibrada?".

Respiro, conto até dois – pois realmente estava com muita pressa pra contar até dez –, sorrio, pago e agradeço.

É essa falta de permissão para sentir que me incomoda. Como se sentir inquietude, incômodo ou estresse com algo sobre o qual tenho pouco controle – o tempo nesse caso – deveria ser motivo de vergonha. Afinal, apenas sentimentos categorizados e organizados como "bons e edificantes" são permitidos. Ainda mais se você quiser ser uma pessoa do bem, mas muito mais se você fizer yoga!?

Não faz o menor sentido.

Mas, sendo humana, complexa e multifacetada como você, eu sinto um espectro enorme de emoções. Praticante de yoga ou não. Isso faz parte da experiência humana. Também não quer dizer que eu procuro me apegar aos sentimentos ou às sensações que não me servem. Mas eu os acolho. Eles existem. Virar as costas não faz com que eles desapareçam.

Tem dias, sim, que eu sinto vontade de esganar meu esposo que amo tanto. Me colocar – ou colocar qualquer outra pessoa – em uma caixinha de professora de yoga e somente "good vibes" é matar parte da minha humanidade.

Eu amo não ser perfeita. Não ser luz ou calma e tranquilidade trezentos e sessenta e cinco dias do ano. É libertador abraçar a experiência de não fugir de si.

Talvez os yogis antigos não pensassem tanto nisso porque eles se isolavam nas montanhas.

Mas, quando estamos no mundo, as chances são que quanto menos cobramos de nós mesmos, menos cobramos dos outros. As nossas relações ficam mais leves. Mais felizes. E tememos menos qualquer bicho-papão que fuja do nosso controle.

Já pensou naquela amiga que te olha e diz: "Nooossa, você precisa dar um jeito nessa bunda! Tá lá no chão!".

Como você se sentiria? Será que essa é a amiga que queremos ter?

Ou aquela que diz: "Ah, gata, tá arrasando hoje! Tá precisando de ajuda? Estou aqui. Amei seu cabelo!".

A segunda razão.

Paradeiro. Monotonia.

Sim, quando a gente pensa em equilíbrio, muitas vezes imaginamos algo parado. Rígido. Sem movimento. Como uma pedra se equilibrando no topo de uma montanha. Ou aquele monte de pedrinhas metodicamente colocadas em cima da outra para se equilibrarem. Tudo em seu perfeito eixo.

Mas o eixo da vida, da mente e do corpo é mais interessante que o das pedras.

Algo que eu aprendi com a minha prática de yoga é que equilíbrio é movimento.

Mesmo nas posturas que você olha de fora e parece que nada tá acontecendo. As posturas da árvore e de ponta cabeça, por exemplo. Mas, na verdade, inúmeros micromovimentos estão ocorrendo de maneira despercebida. A respiração consciente, o ajuste dos olhos, da ponta dos dedos... do tornozelo.

Equilíbrio não é ponto de chegada, é caminhada.

Assim como a dança de nossos primeiros passos, em que aprendemos a calibrar um pé no chão depois o outro, nosso equilíbrio muda e evolui com a gente. É uma noção completamente interna.

O que era equilíbrio ontem talvez não seja o que é equilíbrio hoje.

Percebe a diferença? Não é sobre ser uma pessoa equilibrada ou buscar equilíbrio.

É entender que equilíbrio é como uma bússola interna apontando para o nosso norte. O norte é nosso e de mais ninguém.

Com estressezinho na loja do Boticário e tudo.

*Equilíbrio não é ponto de chegada,
é caminhada.*

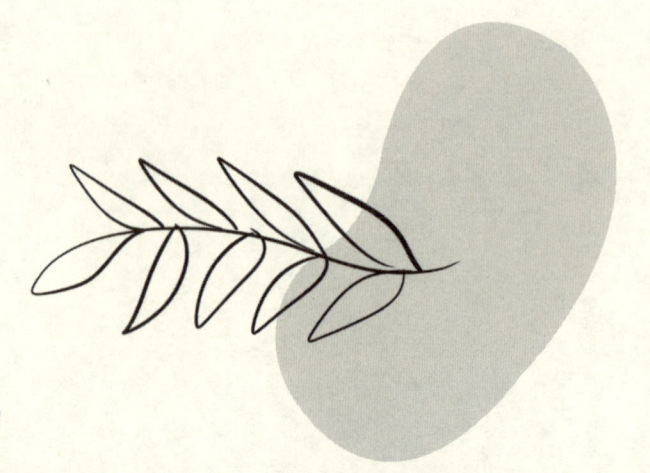

Sou uma nova mulher

Compre um pijama caro, dos bons!

Eu procuro consumir com consciência. Não compro nada que eu não sinta que vá usar ou que realmente não toque o meu coração.

Espero encontrar algo que eu realmente sinta prazer em usar, e que não vá ficar jogado no canto do armário juntando poeira e convidando as traças.

Pois bem, senti o chamado daquele pijama. Comprei, dei pro Darren e disse: "Embrulha que esse vai ser meu presente de Natal". Ele riu e falou "Tá bom".

Dia 10 de dezembro entro no box do banheiro. Água quente já com fumaça por todo o lado.

Desato o coque do cabelo bagunçado e despenteado. Passo os dedos pelos meus cabelos pelo que parece ser a primeira vez em uma eternidade – tipo capa de revista.

O mesmo chuveiro em que respirei, gritei, uivei, quase quebrei dedo alheio no trabalho para parir o meu filho.

O mesmo chuveiro em que muitas vezes rezava para o meu filho não acordar justo na hora que eu molhasse os cabelos.

Lembro quando o colocava pra dormir à noite e, depois de 20 minutos, ele estar acordado novamente.

Penso no alívio de agora poder tomar um banho quente sem estar grávida.

E, agora... sem estar amamentando.

Sinto o meu corpo de volta depois de quase três anos.

Sem bebê na barriga. Sem bebê no peito.

Com os cabelos soltos em um banho quente demorado.

Essa sensação de ter o meu corpo de volta durou por volta de meio segundo. Logo ela se rendeu à realização de que o corpo do qual me lembrava já não existia.

Tinha sido tomado, violentado, comprado, revirado e, possivelmente, cuspido pela mãe natureza.

Não sei o motivo pelo qual a mãe natureza parece, no imaginário popular, uma fada boazinha e calma. Depois de quarenta horas em trabalho de parto, digo que a natureza pode ser feroz, como toda mãe.

Ela entrou no meu corpo e revirou cada esquina, cada dobra, cada curva e não deixou uma célula intacta. Ela transformou o meu ser.

Aí eu entendi... finalmente entendi. Quando você, mãe recente, nova, de primeira viagem, vê uma senhora olhar o seu bebê e dizer que coisa maravilhosa, com os olhos saudosos e cheios de brilho.

A verdade é que o tempo é cruel.

Passa.

Passa para todos.

O bebê que vivia na barriga agora já não mama.

Chorou. Doeu. Teve que dizer tchau, tchau pra fonte de conforto e segurança. Mas a mãe ficou. Mãe sempre fica. Ele só precisa saber disso.

A verdade é que choramos juntos.

Eu também chorei sozinha na frente do volante, pois foi só na hora de dirigir que deu tempo pra chorar.

Agora choro no banheiro.

Uma tristeza profunda, dessas sem explicação.

Hoje li sobre uma mãe cujo filho tinha acabado de fazer aniversário, e ela havia se sentido muito triste pelo fato de ele estar crescendo tão rápido; como ela estava trabalhando muito, tinha medo de estar perdendo tantos momentos com a cria.

Lembro mais uma vez da senhora que olha tão saudosa para o meu bebê.

Depois, ficam as fotos.

Depois, fica a saudade.

Depois, ficam as memórias.

Aí penso: *quando será o suficiente?*

Quando esse pensamento de que eu poderia ter feito mais vai acabar?

Quando essa ideia inatingível da maternidade vai desaparecer do imaginário coletivo?

Não sei.

Não saber parece uma parte constante da experiência humana.

Desmamei o meu filho da melhor maneira possível? Honestamente? Não sei.

Saio do chuveiro, me enrolo na toalha e abro a gaveta do armário do meu marido.

Pego o pijama caro, dos bons. E o visto.

Você é amado.

Você é abençoado.

Você está seguro.

Você é maravilhoso, querido e que bom que você está aqui!

Mudanças fazem parte da vida. Errar faz parte da vida. Sigamos caminhando juntos, e é isso que importa.

Mudanças fazem parte da vida.
Errar faz parte da vida.
Sigamos caminhando juntos,
e é isso que importa.

Guru

Guru. Essa palavrinha tem se tornado cada vez mais popular desde a época dos Beatles. Guru, ao pé da letra, em sânscrito, significa aquele que remove as trevas, ou aquele que traz a luz, também conhecido como mentor no ocidente. Me lembro bem do meu professor do meu primeiro curso de formação de yoga desmistificando essa palavrinha em aula.

Existem vários tipos de gurus e infinitas linhas de pensamento, mas, de forma muito simplória, os gurus podem ser divididos em três categorias: aqueles que são os seres iluminados, aqueles que espalham o conhecimento intencionalmente e os que fazem parte do dia a dia. Alguns gurus foram seres humanos realmente fora do comum, como Jesus, Maria, Yogananda, seres que caminham ou caminharam entre nós, porém realmente estavam em um estado de união divina profunda.

Aí, existem os professores, aqueles que transmitem conhecimento, mas ainda têm um longo caminho para percorrer por si mesmos. Tipo faça o que eu falo, mas nem sempre o que eu faço, pois também estou aqui na labuta.

Por último, existe o guru do dia a dia. As pessoas e situações que encontramos no cotidiano. A caixa do supermercado que foi muito mal educada pode estar te ensinando paciência, a família que teima em se desentender com você, a compaixão, o animal de estimação, a lealdade, e assim por diante.

Infelizmente, a história nos mostra que muitos gurus e mestres da segunda categoria abusaram de seu poder e influência sobre as pessoas, deixando uma mancha na própria palavra "guru". Pessoalmente, acredito ser importante retirarmos qualquer mestre ou guru do pedestal e olharmos uns para os outros no mesmo nível. Somos todos parte de um ecossistema circular, e não de uma pirâmide linear.

Já houve o tempo em que eu sonhava em encontrar um guru pra chamar de meu. Eu idealizava que, quando estivesse pronta, encontraria um professor que me mostraria o caminho tim-tim por tim-tim e todos os meus problemas magicamente desapareceriam. Ah, mas como é fácil colocar o que deveria ser nossa autorresponsabilidade nos outros, né?

Assumirmos cem por cento a responsabilidade sobre nossas escolhas pode não ser sempre a coisa mais confortável desse mundo – *hello*, consequências! –, mas, sem dúvidas, é libertador. Assumir nossos próprios erros e celebrar nossos acertos. Sem dar crédito a guru algum. Somente nós podemos nos salvar de nós mesmos.

Eu tenho pavor quando me chamam de mestra. Não quero essa responsabilidade, não. Porém, pode me chamar de mentora. Mentores são aqueles que seguram na nossa mão e mostram o caminho que eles já percorreram. Não existe nada místico ou sobrenatural em um mentor. A minha dica é: busque professores que se posicionam como mentores, e não como mestres. Haverá grandes chances de que eles tenham os pés mais firmes no chão.

Se dedique ao caminhar, não ao caminho. Pra mim, esse ensinamento foi um dos maiores presentes.

Se apaixone pela sua prática. Seja ela uma prática de yoga, de esportes, de artes marciais ou espiritual. Guru, mestre, mentor, professor, sensei, são apenas canais para que a prática chegue até você.

*Somente nós podemos nos salvar
de nós mesmos.*

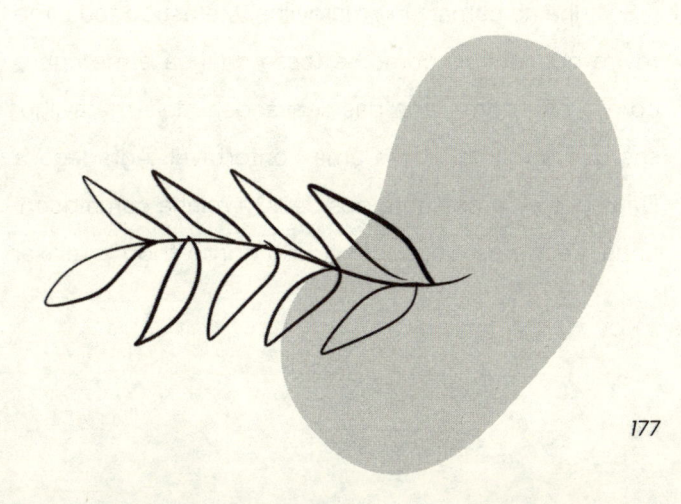

Missão possível

Havia planejado continuar com as minhas aulas públicas, mas, depois que o meu filho mais velho nasceu, este, como muitos outros planos, sofreu mudanças consideráveis.

Oliver não foi o tipo de bebê que dorme até tarde. Na época em que eu o amamentava pela noite afora, logo ao nascer do sol acordava o meu esposo para trocarmos de turno. Meu marido ficava com o nosso bebê antes de ele ir trabalhar pra eu poder tirar uma soneca pela manhã.

Oliver ia direto para os braços do papai, e mamãe direto para o colchão.

Com esse esquema, eu podia dormir uma ou duas horas "extras" pela manhã, algo que me ajudou muito quando ele era recém-nascido, e ainda ajuda quando por alguma razão a semana realmente está punk.

Sozinha na cama. Que maravilha! Me estico toda, me reviro nos lençóis como se fosse criança e me cubro com o edredom. Uma das sensações mais maravilhosas dessa minha vida. Cama confortável. Agradeço a Deus por esse presente dos céus: a minha cama quentinha. Fecho os olhos, convido o corpo todo a relaxar e a ficar mais pesado. Sinto o sono chegando. PERAÍ! Mas eu poderia correr, ir pra academia ou ter uma boa prática de yoga! Já estou acordada mesmo.

Começa o duelo entre a vontade e a preguiça.

E, dessa briga mental já pela manhã, existe algo que aprendi: se estou tendo energia suficiente para simplesmente cogitar sair da cama – minha caminha quentinha maravilhosa – ou não, significa que eu tenho energia suficiente para levantar, SIM. Então, já paro o lero-lero mental e coloco o despertador para gritar em dez minutos. Sim, gritar, porque o som da onda do mar só me ajuda a dormir mais profundamente.

Continuo relaxando na cama com os olhos fechados, mas foco no dia porvir. Mentalmente, percorro a minha lista de gratidão, visualizo como o dia será abençoado e crio a minha intenção, que sempre envolve estar presente. Na hora em que o despertador berra, já estou com o coração cheio. Coloco roupa de yoga e lá me vou para academia, praça, rua ou mesmo para o meu tapete no quintal de casa.

Então, imagine que na boca de um bebê nascem em média dezoito dentes em um período médio de seis a dezoito meses, mantendo a irritação daquele serzinho por uma semana em média para cada dente. Sem contar bebê gripado, constipado, aprendendo a engatinhar na madrugada, e por aí vai... São épocas de noites bem dormidas e muitas outras nem tanto. Acordo à uma, três, quatro e cinco da manhã para acalentar o meu bebê que tem gases e o quarto dente nascendo.

Se antes de ter filho achava difícil acordar cedo, agora categorizo o feito como "missão impossível".

Existem dias que sinto como se tivesse sido atropelada por um caminhão; neles, quando deito na cama, nem ao menos tenho tempo de presenciar o duelo entre a vontade e a preguiça. Simplesmente capoto. Muitas vezes com a boca aberta. E tudo bem. Melhor do que bem: ótimo. Porque sei que quando não tem espaço para lero-lero mental é porque o meu corpo realmente precisava de descanso, e eu me sinto feliz em descansar.

Disciplina não é necessariamente fazer a mesma coisa repetidamente todos os dias. Disciplina pode ser o discernimento do que é preciso ser feito naquele momento.

Se for a sua mente te mantendo no lugar, busque alternativas para fazer o que deve ser feito. Seja pular da cama para se exercitar, buscar um novo trabalho ou escrever o seu livro. E, se o seu corpo pedir descanso, ou simplesmente diminuir o ritmo, não se sinta mal ou menos disciplinado. Muito menos jogue tudo para o ar.

Eu escuto muito sobre essa inquietação por parte das minhas alunas na forma de oito ou oitenta. "Era pra eu ter praticado hoje e não pratiquei. Não consigo ter disciplina!" Calma. Para que qualquer coisa seja sustentável – como disciplina –, precisamos sair da área dramática de preto no branco. Não deu hoje? Tudo bem. Talvez não era o que você precisava hoje. Tente amanhã.

Se aquieta coração. Essa missão de coexistir disciplina e autocompaixão é possível.

Disciplina não é necessariamente fazer a mesma coisa repetidamente todos os dias. Disciplina pode ser o discernimento do que é preciso ser feito naquele momento.

Cartão do pão

Em uma padaria qualquer de uma vizinhança comum, vou comprar pão. Entre tantas guloseimas, vejo algumas que fazem meus olhos saltarem! Mas será que conseguiria pagar? Saldo tá baixo no cartão.

Sabe qual é o problema de coisas que compramos por peso? Nunca sabemos exatamente, tim-tim por tim-tim, o centavo por centavo que vai dar.

É quase como ver o pãozinho caindo e esperar que caia com a parte da manteiga pra cima!

Peço cinco guloseimas – das menores –, torcendo os dedos das mãos e dos pés para que o resultado final da balança caiba em meu orçamento, digo, limite final, última gotinha já quase chorando do cartão de crédito.

Isso foi antes de aplicativo de banco em celular... ufa! Ainda bem que as coisas estão melhores agora! Mas me lembro exatamente a sensação de pegar as sacolinhas na frente do caixa e rezar para que eu estivesse lembrando corretamente os centavos que restavam de crédito – que o meu cartão passasse! Somente quem já sentiu o frio na barriga na frente de um caixa repetindo mentalmente *passe, passe, por favor* sabe o que estou falando.

A dor de não ter dinheiro para itens essenciais – e o ocasional "não preciso, mas quero muito" – é real para milhões de pessoas. O frio na barriga, a angústia no peito e a dor de cabeça de não ter o suficiente. Cuide bem do seu dinheiro. Ele é preciso, quer queira quer não. Esse é o mundo em que vivemos. Também valorize o trabalho alheio, por favor. Os céus podem até dar uma mãozinha, mas é a gente quem passa o cartão.

Ufa! Passou.

Tudo diferente

Tem dias que saio da cama querendo que tudo, tudo, seja diferente.

Acordo já assim, me sentindo um lixo, às vezes sem saber o motivo, porque lixo sei que não sou. Talvez mais sensível, sei lá.

Daí faço a burrada de abrir o Instagram para checar uma mensagem antes mesmo de escovar os dentes e já vejo uma foto, uma daquelas que mexem com a gente. Nossa, como fulano tem tantos amigos. Gostaria de ter tantos bons e velhos amigos assim. Coisa de quem mora longe. Tantos dos meus bons amigos moram longe. Mas eu nunca fui muito boa mesmo para fazer amizade. Eu fui uma criança tímida. Mas também fui uma criança feliz. Eu sou feliz. Por que essa atazanação da minha cabeça de que preciso ter muitos amigos? Ter amigos é importante, gostaria de ter mais. Ah, mas também não gosto de andar com gente que põe a gente pra baixo. Cadê as pessoas que colocam a gente pra cima? Gosto de andar com quem tem energia boa. A festa dos macacos na minha cabeça continua.

A minha vida é boa. Tenho comida. Muita comida. Roupas e sapatos confortáveis. Uma casa confortável e segura. Uma família linda. Nossa... por que estou me sentindo assim? Já sei! Me deixe sentir.

Sim, porque sentimentos existem para ser sentidos.

É que eu quero mudar o mundo. Lá no fundo quero que todo mundo seja feliz como lá naquela foto da rede social o tempo todo.

Sim, quero um mundo sem guerras, sem fome, sem trabalho infantil, sem desrespeito e sem violência. Quero um governante diferente, quero que o plástico desapareça, quero que a poluição acabe, que vivamos em harmonia com a natureza. Quero tudo diferente! Lembro quando era menina e às vezes sonhava que um dia alguém da minha família iria ganhar na Mega-Sena e tudo seria diferente! Ah, será que dinheiro faria as coisas melhorarem? Como seria bom não ter que pensar em contar dinheiro no final do mês, como se o pacote da bolacha fosse sem fundo e nunca tivesse que pensar "na última bolacha". Quero mudar tudo! Pacote de bolacha com fundo infinito para todos!

Como pode o mendigo na rua, o motorista atravessando o sinal vermelho, a criança na rua. Nada me dói mais que crianças na rua. Sim, na rua, porque "de rua" não existe. Toda criança nasceu de uma mãe. Onde estará essa mãe? Quem será que está cuidando dessa mãe? Quero mudar tudo.

Piso no tapete de yoga. Postura da criança. Como eu ainda sou criança. Respiro. Respiro mais profundamente. Estico, alongo, fortaleço e medito. Saio para caminhar com a minha cachorra ainda cedinho, e o sol tem um brilho tão singelo como se estivesse brilhando só pra mim.

Um passo de cada vez. Eu não sou um lixo. Esse mundo não é um lixo. Respira. Se acalmem, macacos.

Levanto a cabeça e não mudo tudo. Mas me amo um pouco mais. Estendo a mão para mim mesma e digo: "Vamos lá criança, temos que mudar aquilo que nos cabe por dentro e por fora, mas não se esqueça de brincar, contemplar e apreciar. Relaxe".

Quanto àquilo que você não pode mudar, aceite, aceite que você não precisa ter um milhão de amigos, porque o que o mundo precisa é que você seja assim... como você é. Tenha a humildade de aceitar que muito do que você quer que mude simplesmente não cabe a você mudar.

E, assim, mudo tudo! Acalmo os macacos que já não pulam, mas descansam em seus galhos. Mudo o meu dia. Parece pouco? Mas uma vida bem vivida é um dia por vez.

*Uma vida bem vivida é
um dia por vez.*

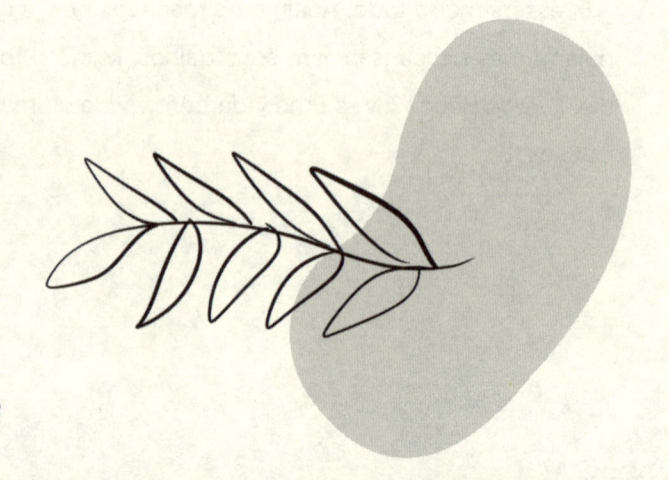

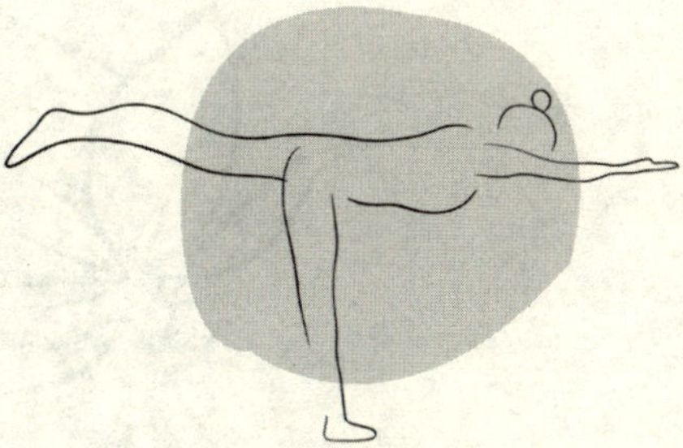

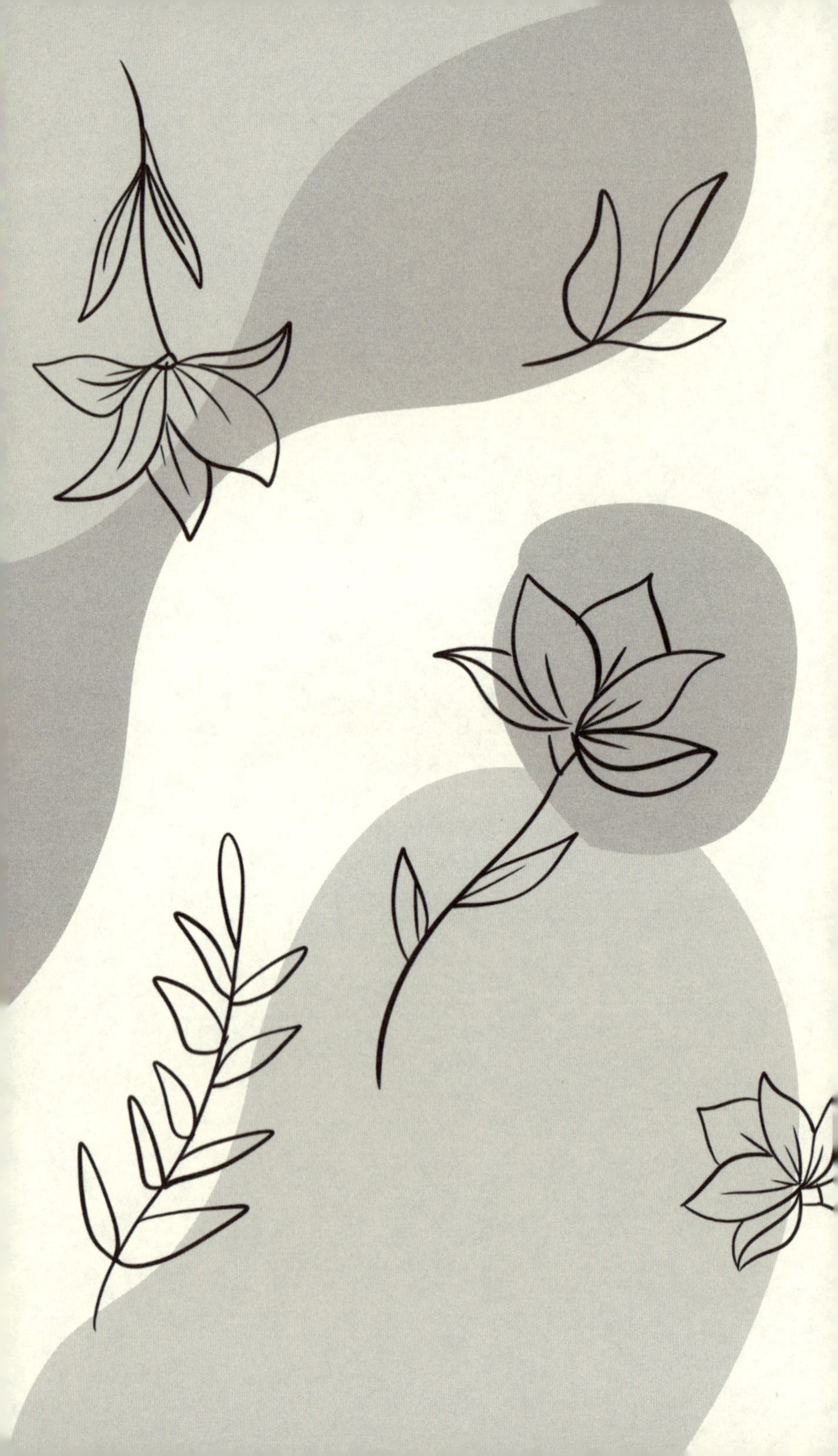

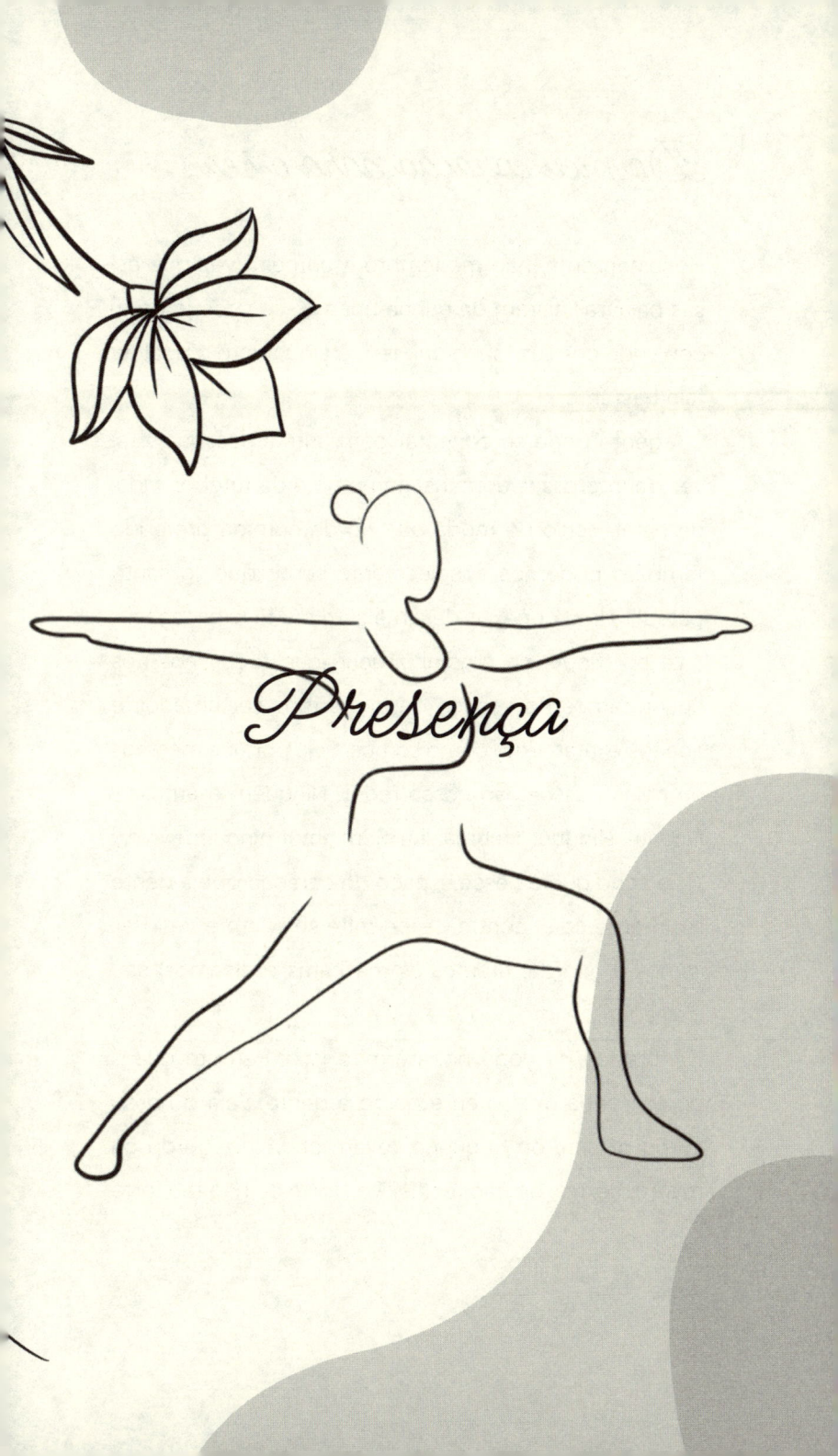

Presença

Do meu coração para o seu

Honestamente, não me lembro a primeira vez que essas palavras saíram da minha boca. E, se você já praticou yoga comigo, sabe que isso é algo sobre o qual eu falo bastante.

A gente pode se conectar com outras pessoas através de interesses comuns, como time de futebol, cidade natal, estilo de moda ou tipo de comida preferida. Também podemos simplesmente sentir que "o santo bateu!". Uma conexão de alma sem muita explicação.

Lá no fundo, no fundinho, acho que todos nós nos encontramos no espaço de querermos ser amados e aceitos exatamente como somos. Seja por nós mesmos ou pelas pessoas ao nosso redor. Ninguém é autossuficiente. Ninguém é uma ilha. Sem amor ninguém vive.

Eu acho que é nesse espaço do coração que a gente realmente se encontra, se permite ser visto e ver. Baixamos a guarda, tiramos as máscaras e dizemos: sou isso aqui.

A prática de yoga nos permite isso. Permite que a gente venha exatamente como a gente. Seja o nosso corpo grande ou pequeno, jovem ou velho, gordo ou magro, flexível ou não tão flexível, forte ou não tão forte.

Do meu coração para o seu e o abandono do que poderia ser para abraçar o que é, no momento presente.

Obviamente, a prática de yoga oferece uma grande oportunidade de transformação na vida das pessoas. Nos ajuda a combater o estresse e a ansiedade, a ter mais flexibilidade, a envelhecer e a viver com mais saúde, a melhorar autoestima e a nos conhecermos mais a fundo. Só que o yoga não chega gritando com você chamando sua atenção, porque em primeiro lugar ele não acha que tem nada de errado com você.

Isso mesmo, não tem nada de errado com você. Enquanto a gente vive em um mundo que aponta para tudo que você poderia ou deveria ter e ser, a prática de yoga aponta pra tudo de bom que você já tem e é. Isso é um grande alívio. Um grande abraço. É uma oportunidade de olhar, de modo mais brando, para si e para o outro. Para a vida.

No meu coração moram amor, dúvidas, medos, anseios, carinho, empatia, alegrias, gratidão e mais um monte de coisas. O meu coração é algo que nenhum tipo de IA consegue replicar. A beleza encantadora da experiência humana. É aí que eu desejo que a gente se conecte.

Eu acho que é nesse espaço do coração que a gente realmente se encontra, se permite ser visto e ver. Baixamos a guarda, tiramos as máscaras e dizemos: sou isso aqui.

Abraço ou solução?

Ainda nem são nove horas da manhã, e eu já estou com um nó na garganta na frente da tela do computador.

A noite foi longa e acompanhada de criança que acorda, com sogro que sai de viagem e mais uma pequena DR antes de ir dormir. Claro que acordo com mensagens de WhatsApp borbulhando, querendo pular pra fora do celular pra me devorar. Hahaha. Já imaginou suas mensagens de WhatsApp pulando pra fora da tela pra te devorar?! De nada. Agora você imaginou.

Mas voltemos ao nó na garganta, que é mais importante. Darren entra no escritório e, silenciosamente, deixa um café gelado ao meu lado. Eu coloco minhas mãos no rosto e começo a chorar baixinho. Ao mesmo tempo, o escuto fechando a porta do escritório. Tudo que penso é que ele tenha muito amor à vida e esteja fechando a porta com ele pra dentro do escritório, e não pra fora.

Escuto: "Levanta".

Não.

"Fica difícil te abraçar com você sentada na cadeira."

Choro mais um pouco. Um poucão. Do tipo que precisa pegar um lenço que já tem meleca até o pescoço.

Ele senta em outra cadeira e me abraça.

Agora é meleca até a camiseta dele que já virou lenço. Mas ainda tô com uma mão no rosto tentando convencer a mim mesma de que não estou chorando.

Mas choro ainda mais. E a meleca chega ao ponto de que eu preciso dizer: "Pega um lenço pra mim?".

Em silêncio, ele levanta, pega o rolo de papel higiênico do banheiro ao lado e deixa pertinho de mim.

Em silêncio.

Mais do que derramar lágrimas e escorrer meleca transparente infinita, eu poderia vomitar um rio de palavras. Mas o silêncio absurdamente me acolhe, e meu nó na garganta se dissolve.

Já nem sei que horas são quando nosso filho mais novo bate na porta com sorriso no rosto pedindo pra entrar no abraço.

Saem do escritório, e eu retomo o trabalho.

Eu sempre apreciei pessoas que escolhem focar na solução.

Quase como o Neo, de *Matrix*, que escolhe a pílula vermelha. Acho que quem escolhe focar em criar, ser e enaltecer a solução nunca verá o mundo da mesma maneira – só que bem menos dramático que nos filmes.

Tudo é energia. E escolher concentrar nossa energia em soluções é supimpa!

Por isso, Darren e eu criamos uma comunicação que funciona da seguinte maneira: quando um de nós está passando por um perrengue e vem conversar com o outro, o outro pergunta se estamos buscamos abraço ou solução.

Já no final do dia, na hora da janta, eu olho para o Darren e digo: "I don't think I'll make it" – uma forma beeem dramática de dizer que eu acho que não vou sobreviver. Que esse é o fim. *Zilt*. Finito. Sem energia. Morta. Zumbi. Tristeza. Pão murcho.

"Abraço ou solução?"

"Solução."

Ele abre o sorriso, entrelaça os dedos e se espreguiça. "Ufa! Que bom! Pois em ajudar a criar soluções eu sou bom! Me conta: o que está te afligindo? Encontraremos soluções".

E assim seguimos em nossos dias ruins. Dias difíceis. Dias de nó na garganta. Dias de dor no peito. Embrulho no estômago. De corpo que cisma em ficar mais pesado que âncora de navio.

Todos nós temos, sim, esses dias. Esses momentos. Essas fases.

Nesse momento você quer abraço ou solução? Ambos são válidos.

A fonte da calma

Guardei cada centavo que podia trabalhando como professora de yoga e como cuidadora de creche para poder fazer esse sonho acontecer. Após aterrissar na Índia e pegar o primeiro táxi, me lembro da exata sensação de colocar a cabeça pra fora da janela e sentir a mistura do vento gelado com o cheiro de terra pentear meus cabelos. Era um buzineiro só.

O tráfego da Índia me fez testar quão forte era o meu coração. A cada corte e ultrapassagem, achava que ia acabar em acidente.

Cheguei em Rishikesh e por meses segui a rígida rotina da escola de yoga. Acordava antes de o sol nascer e escutava os sinos baterem na margem do rio Ganges.

Visitei templos, fiz amigos, me deliciei com os barulhos e as pessoas das ruas. De todas as aulas de anatomia, filosofia, posturas, e por aí vai, uma simples explicação no momento oportuno foi o que fez mais sentido pra mim, muito mais do que o estudo de textos antigos.

Algo tão, tão, tão simples, mas tão simples que dá vontade de chorar! E, ao mesmo tempo, tão poderoso que foi o que me deu calma para parir meus dois filhos, sendo o último em casa sem qualquer anestesia. Me dá calma para lidar com os momentos de birra. Me ajuda a focar na solução dos problemas do dia a dia. Me ajuda a não fugir quando o bicho pega e a ferida dói. Me ajuda a ficar e olhar pra dentro. É a minha fonte da calma. Meu amparo. Meu porto. Nosso superpoder. A nossa respiração.

De forma bem simples, eis o que o meu professor indiano explicou: a sua respiração é como uma janela mágica, e a única coisa no seu corpo que você consegue fazer sem precisar prestar atenção – sistema involuntário, como digestão, batimentos cardíacos etc. – e, também, controlar de forma voluntária – como os movimentos das mãos, dos olhos e das pernas.

Imagine que a nossa respiração seja uma porta que acessa o nosso sistema nervoso simpático – aquele da fuga, da briga ou do congelar – e parassimpático – aquele do estado de calma, presença e criatividade. Através dela, conseguimos calibrar qual sistema queremos que tenha mais fôlego.

Inalação mais longa que exalação? Tá ativando o simpático. Excelente para energizar.

Exalação mais longa que inalação? Tá ativando o parassimpático. Perfeito para acalmar.

Inalação e exalação de mesma duração? Equilíbrio.

A respiração consciente tem o poder de acalmar a sua mente e de mudar a sua vida. Juro que focar na minha exalação foi tudo que eu fiz durante o parto para o meu filho nascer em casa.

Esse negócio é poderoso, gratuito e ao qual todo mundo tem acesso. Experimente!

Acordar cedo

Antes de ter filhos, sempre achei difícil acordar cedo.

Quando ainda estava procurando emprego em estúdios de yoga para dar aulas aqui em Los Angeles, o mercado era tão competitivo que eu aceitava dar aulas em lugares remotos e em horários esquisitos.

Até que fui chamada por um estúdio que era um sonho pra mim. A menos de uma quadra da praia, com paredes douradas, uma comunidade linda e uma proprietária que até hoje me inspira. Minha primeira aula era aos sábados às quatro horas da tarde. Um horário não muito popular, mas eu estava feliz! Darren comparecia às aulas para me apoiar, e eu sempre dava o meu melhor. Até que um dia a dona do estúdio me olhou nos olhos e perguntou: "As aulas das seis e quarenta e cinco da manhã estão abertas, você gostaria de assumi-las?". Até hoje não sei a cara que fiz, mas lembro bem o que pensei: *seis e quarenta e cinco da manhã é muito cedo, Jesus Amado*. Sorri, olhei pra ela e aceitei a proposta.

Lembrei de que, desde de quando me entendo por gente, nunca gostei de acordar cedo. Existem pessoas, é verdade, eu já ouvi falar, que gostam de tomar banho gelado e de acordar cedo. Não, eu não sou uma delas. Não gostava de acordar às cinco e meia da manhã pra ir pra escola quando era criança, nem quando era adolescente e tinha almoço de domingo na casa da vó, e mesmo adulta pra chegar cedo no aeroporto. Agora, para fazer o que amo: não, também não gostava de acordar cedo.

Eu acredito que aí vive a chave que muita gente procura: não é uma questão de *gostar*, mas sobre o que você recebe em troca.

Toda segunda, quarta e sexta-feira, eu levantava às cinco e quinze da manhã, tomava um bom banho, colocava uma maquiagem leve para me sentir mais em paz com a imagem refletida no espelho, seguia para a cozinha na ponta dos pés para não acordar o esposo, fazia um chá e partia.

Sempre cheguei ao estúdio cedo, cedinho. Acho muito desrespeitoso com os alunos e nada profissional quando o professor chega "na hora" da aula. Ah! Mas, se eu ia levantar cedo e pegar no volante frio pra dirigir até o estúdio, eu daria o meu melhor.

Literalmente, chegava antes de todo mundo e abria o estúdio. Preparava o ambiente com música, incenso e, às vezes, sage. Quando os alunos chegavam, eu os recebia com os braços abertos de gratidão e a intenção de lhes proporcionar uma aula excelente: uma aula para a qual valesse a pena acordar cedo. Foi assim por anos, fizesse chuva ou sol, frio ou calor. Essas aulas deveriam ser algo que tirasse as pessoas da cama.

Com o tempo, comecei a conhecer melhor aquelas pessoas que acordavam tão cedo para praticar comigo e fui me apaixonando por cada uma delas.

Professores, saibam o nome de seus alunos. Olhem cada um no olho e conheçam cada história, machucado e tudo o que quiserem compartilhar com vocês.

Admirava esses alunos por pularem da cama e irem para o estúdio praticar cedinho: sei que se eu não fosse a professora não estaria ali. Depois, passei a admirá-los pela regularidade com que frequentavam as minhas aulas. Toda semana. Admirava, e o mais importante, respeitava a disciplina dos meus alunos.

Aquelas aulas, que por boa parte do ano começavam antes mesmo de o sol nascer, me fizeram crescer imensamente como profissional e ocupam um espaço saudoso e especial nas minhas lembranças. Ganhei muito ao acordar cedo. Mesmo não gostando, valeu a pena.

Apoio

Existem coisas que somente você pode fazer.

Ninguém pode traçar o seu caminho por você. Ninguém pode praticar yoga por você, ninguém pode tomar banho por você, ninguém pode aprender as suas lições por você, e, para quem é pai ou mãe, sabemos bem que ninguém pode dar o nosso tempo e a nossa atenção aos nossos filhos por nós.

Simples assim: sempre existirão coisas que ninguém pode fazer por nós a não ser nós mesmos.

O caminho espiritual pode parecer solitário. Ninguém pode caminhar por você ou por mim. Mas podemos ter pessoas caminhando com a gente.

Essa manhã, por exemplo, o dia nem começou e eu já estava exausta depois de uma noite muito mal dormida.

Escutei o choro do meu filho, simplesmente rolei da cama como uma zumbi e caminhei até a sala para saber o que estava acontecendo. Ele parou de chorar, olhou pra mim e abriu um sorriso largo. Derreteu meu coração tonto e sonolento de mãe; peguei-o no colo. Meu esposo estava fazendo café da manhã e falou que estava tudo sob controle, que eu deveria ir tomar banho, meditar ou, como ele costuma dizer, "do your thing". Eu respondi que não, que já estava acordada e bem – mesmo toda descabelada e com muita remela no olho. Mais uma vez, ele insistiu: "Go do your thing". Eu fui.

Tomei um banho maravilhoso, passei hidratante, coloquei uma roupa fresca e prendi o cabelo bonito. Já me sentia melhor. Fui para o quarto, onde novamente vejo o meu bebê, que sorri e, dessa vez, estende os bracinhos. Nossa senhora, preciso pegar esse menino, que coisa mais fofa desse universo! Olha esses bracinhos, essa barriguinha, os dentes que estão nascendo sem misericórdia desses pais.

Pego meu filho no colo.

Sento na minha almofada de meditação e digo para o meu esposo: "Vamos meditar juntos" – enquanto meu bebê já pula do colo tentando pegar o palo santo para colocar na boca.

Darren vem por trás de mim e pega o nosso bebê dizendo "We are out of here".

Sozinha no quarto.

Fecho os olhos e inalo o ar da manhã fria. Sinto o meu corpo estremecer de dentro pra fora em um grande ahhhh, obrigado por nos acordar.

Respiro profundamente três vezes.

Uma sensação enorme de gratidão me invade e medito por cinco minutos.

Hoje foram apenas cinco minutos.

Acordei mais tarde que o normal e não queria que o meu esposo se atrasasse muito para o trabalho.

Aqueles cinco minutos, sentada, sozinha, com a minha respiração como prece, criaram as raízes para florescer um dia de vida bem vivido.

Saí do quarto limpa pelo banho e centrada pela meditação.

Olho para o meu filho, que já está cansado. Digo que vou colocá-lo para dormir. Meu esposo diz: "Claro, depois que você tomar café da manhã". Olho para ele com cara de quem já está se incomodando com tanta "mandação" e digo: "Então você troca a fralda dele e prepara o quarto".

Darren diz para eu não me apressar.

Sento e tomo café da manhã. Provavelmente em menos de cinco minutos. Mas saio com um sorriso de satisfação da mesa.

Entro no quarto do meu bebê, o amamento e o nosso dia juntos começa.

Talvez pareça bobo ou entediante, coisas pequenas, mas são justamente essas coisinhas que nos ajudam a percorrer o nosso caminho com sucesso.

Eu tomei o banho. Eu meditei. Eu comi. Eu dei o peito para o meu filho. Nessa manhã cinza, o fiz porque tive uma rede de apoio, tive alguém que estava ao meu lado olhando por mim, caminhando ao meu lado.

Eu tive apoio.

Existe uma mania boba nos dias de hoje de querer acreditar que devemos fazer tudo sozinhos, acreditar que deveríamos ser independentes desde os dois anos de idade.

O ser humano é geneticamente desenhado para precisar de toque, de olho no olho, de uma vila. Você que quer praticar yoga, mas parece não conseguir manifestar a disciplina para isso: procure um amigo para praticar com você. Ou, assim como eu, peça para alguém que vive com você lembrar do seu compromisso com você mesma.

Essas pessoas que nos ajudam a lembrar das promessas que fizemos para nós mesmos são nosso apoio. Permita-se apoiar.

Essas pessoas que nos ajudam a lembrar das promessas que fizemos para nós mesmos são nosso apoio. Permita-se apoiar.

Ciclo da insatisfação

Ontem mesmo estava no shopping aqui de Campo Grande quando o Oliver me pediu pra ir no brinquedo – fala a verdade, eles colocam aqueles brinquedos lindos e enormes bem no meio do shopping!

A nossa meta era comprar uma cadeirinha de carro nova pro Benji, então disse pro Oliver que depois disso a gente podia ir no brinquedo.

Um bom tempo depois e, verdade seja dita, muita frustração depois, saímos da loja com a cadeirinha – leia-se Darren carregando/arrastando sem ajuda uma caixa praticamente do meu tamanho pelo shopping abaixo.

"Mamãe, mamãe! Posso ir no brinquedo agora?" Olho pro Darren, ambos exaustos de noites mal dormidas de febre de criança, olho pra Oli e digo que sim! Afinal, prometido é cumprido.

Com Benjamin no carregador, sacolejo de um lado para o outro enquanto ele mama na esperança de que dormiria ali mesmo.

A "moça do brinquedo" olha pra mim e comenta... "Ahhh... porque a gente quer que eles cresçam? A minha cresceu e agora quero que seja pequena".

Benji dorme, Oli brinca, Darren corre atrás do Oli e a "moça do brinquedo" e eu batemos um papo.

Por que será que quando nossos filhos são pequenos queremos que eles cresçam? E por que será que quando estão grandes queremos que eles voltem a ser pequenos?

Ou estudamos pra passar no vestibular e, ao entrar na faculdade, queremos voltar pro terceiro ano, saímos da faculdade e adivinha? Assim vai, tá frio e queremos que esquente, tá verão queremos inverno.

Será um infinito ciclo de insatisfação?

Não. Acredito ser uma mostra de como não vivemos e apreciamos o momento, a fase presente.

Uma coisa é sentir saudade, saudade dos dedinhos miúdos, da falta de tanta responsabilidade do colegial, da brisa do verão que embalou nossos desejos e sonhos. Mas querer estar onde não estamos não nos permite estar presentes. E, pra chegarmos aonde queremos, pra caminhar, evoluir, nos conectar com nossos filhos, realizar nossos sonhos, desejos, metas... não tem jeito.

Precisamos estar presentes.

O meu convite pra você: chegue pertinho, olhe no olho, dê um cheiro e abrace a fase presente. Ok, pedi muito? Abrace pelo menos o dia de hoje. Eu sei que você consegue.

Um abraço bem apertado e um respiro aliviado.

Deixe a tristeza do passado não tão bem vivido ou da nostalgia do futuro de lado. Descanse na certeza de que somente o aqui existe. Passado, futuro, tudo existe aqui e agora.

Deixe a tristeza do passado não tão bem vivido ou da nostalgia do futuro de lado. Descanse na certeza de que somente o aqui existe. Passado, futuro, tudo existe aqui e agora.

Como o yoga mudou a minha vida

Na realidade, o título deveria ser: como o yoga entrou na minha vida. Mas vamos falar a verdade: como o yoga mudou a minha vida é muito mais impactante, né?

Não sei se você era assim como eu... sonhava acordada com um milagre! Algo que ia cair dos céus diretamente no meu colo e resolver todos os meus problemas. Remover todas as minhas dores. Responder a todas as minhas perguntas!

Ah, os contos de fadas que a gente escuta quando crianças! A magia de um pó de pirlimpimpim!

Até poderia dizer que eu estava perdida, na rua da amargura, quando o yoga entrou na minha vida e bum! Tudo se resolveu. Mas eu não vou gastar a nossa beleza com mentiras, né?

Eu estava bem feliz até quando ouvi a palavra *yoga* pela primeira vez. Ainda era adolescente e deveria ter uns quinze anos. Ouvi falar sobre a Madonna tirando fotos pra uma revista com a perna atrás da cabeça — em posturas de yoga. Uma semana antes, havia escutado a minha amiga dizer que havia feito uma aula de yoga no bairro em que a gente morava. Me lembro de ela me contar que o professor que dava aulas em sua casa tinha feito a seguinte pergunta: "Qual é o mal do mundo?". E ela havia respondido: "A ignorância". O professor disse que havia acertado, e eu achei uma boa introdução ao que era yoga. Perguntei pra minha mãe se eu também poderia ir fazer uma aula, pra escutar que não! "Não temos dinheiro para yoga e você tem várias atividades na escola." Minha mãe trazendo verdades.

O tempo passou e já na faculdade uma menina de quem nem sequer lembro o nome estava na república em que eu vivia e desenhou a saudação ao sol em um papel. Gente! Um PAPEL! Tem noção de como era a vida antes do Instagram e do YouTube? Com licença que eu tive que ver a saudação ao sol pela primeira vez em um papel desenhado à mão! Achei interessante e guardei.

Nesse ponto, já estava praticando aikido, e, quando surgiu a oportunidade, perguntei pro meu sensei se ele sabia algo sobre yoga... e não é que ele conhecia vários pranayamas?! Comecei a aprender as técnicas de respiração, pelas quais não me apaixonei à primeira vista, e fui percebendo como eu poderia realmente me conectar muito mais comigo mesma e com o momento presente por meio dessa mágica. Quer dizer, respiração consciente.

O tempo passou. E, quando voltei de Londres para São Carlos, busquei saber mais sobre o tal de yoga – veja só como o yoga se fez de difícil pra mim!

Visitei o único estúdio de yoga na cidade da época e perguntei pra professora se havia algo que eu poderia fazer pra ela em troca de aulas – porque eu, uma universitária, mal tinha dinheiro pra pagar o aluguel da minha quitinete.

A resposta foi: não. Hummm, pensei e perguntei: "Você tem um livro que eu possa pegar emprestado e tirar cópia? Na biblioteca da faculdade não tem nada sobre yoga". Ela pegou um livro e me mostrou dizendo: "Não. Sinto muito, não tem nada pra você fazer aqui, não vou te emprestar o livro e você pode se retirar". Deus abençoe a minha ingenuidade e cara de pau. E Deus abençoe os nãos.

Esse "não" da professora de yoga de São Carlos me marcou tanto que foi uma das forças por trás da criação e manutenção do meu canal de yoga no YouTube. Afinal, deveria haver outras Pris por aí buscando ferramentas de autoconhecimento e recebendo "nãos". Eu seria o seu "sim".

Sim. Quando olho para o passado, o yoga mudou a minha vida. Mas, quando vejo minha vida hoje, penso que a prática de yoga permeia o meu dia e o meu ser. Ela não é o pó de pirlimpimpim que resolve todos os meus problemas, mas o bálsamo que me ajuda a viver melhor.

Pra mim, viver é uma prática. Se queremos ser pontuais, precisamos praticar ser pontuais. Se queremos ter mais paciência, precisamos praticar ser pacientes. Se queremos ter mais foco, precisamos praticar disciplina. Se queremos ter bons amigos, precisamos praticar ser um bom amigo, e por aí vai. A vida é prática, e, pra mim, yoga é uma prática pra vida toda.

Não é sobre perder peso – mesmo sabendo que, sim, yoga pode te ajudar a perder peso – e não é sobre ter mais flexibilidade ou força – mesmo sabendo que, sim, yoga vai te ajudar com isso também. É sobre viver uma vida bem vivida. A prática de yoga me ajuda a praticar estar presente e saborear todo o mel dessa vida.

Ela me ama!

Você já brincou de amarelinha? Aquele jogo em que a gente pula em um pé só pra chegar até o céu, sabe?

Hoje eu pulei amarelinha com o meu filho pela primeira vez. Procuramos uma pedrinha no parquinho e, na falta de encontrá-la, utilizamos a pitanga que estava por cair do pé.

Pitanga é muito azeda, gente. Não dá pra comer. Reutilizei a fruta na brincadeira.

Pula cá, pula lá. Percebo que ainda tenho bom equilíbrio pra pegar a pedrinha, digo, pitanga. Agradeço à minha prática de yoga pela coordenação motora. E, assim, seguimos com risadas e pulos.

É uma terça-feira qualquer. Sem razão especial para comemorar. Nem aniversário, nem feriado.

Um fim de tarde nublado e vagaroso. Daqueles que a gente gosta que passe lentamente. Quase parando. Como se a gente pudesse parar o tempo só um tiquinho. Se aconchegar ali no sorriso da pessoa amada como se fosse rede na eternidade.

O relógio... apaga relógio, é o celular mesmo que não sai do bolso ou da mão que já grita a hora de partir.

Chego pertinho de Oliver e digo: "Vem aqui que eu quero contar algo no seu ouvido".

Ele chega, e digo sussurrando como se fosse surpresa boa: "Eu te amo".

E, pulando de um pé só, meu menino de quatro anos grita: "Ela me ama! Ela me ama!".

Que lindo o meu menino!

Ser amado não basta. Se sentir amado é fundamental.

O mundo pode ser cruel. Pouco a pouco, em uma esquina ou outra a gente leva uma borrifada de "sai pra lá". Não te quero, não te gosto... você não vale nada.

A gente pode até fingir que não dói o abraço ignorado ou a tentativa de amizade sem sucesso.

Mas dói. Em um lugar ou muitos, a gente vai perdendo um pouquinho do nosso brilho e do nosso amor-próprio.

Seja em frente ao espelho, em um fora da namorada ou no bullying da escola. Como se a nossa capacidade de amar dependesse das outras pessoas.

Pior ainda, alguns de nós nem sequer sabem qual é a sensação de sentir amor por si mesmo.

Não estou falando de egoísmo ou frivolidade. Estou falando de amor. Pode me chamar de cafona. Acho que falar de amor nunca deveria sair de moda.

Como é bom se sentir amado! Não é uma das melhores sensações do mundo? Por que será que a gente muitas vezes não se permite se dar essa sensação?

Poxa, hoje eu me amei – agi comigo mesma de maneira coerente, como eu agiria com alguém que eu amo e prezo. Me senti amada quando respeitei as minhas necessidades, firmei limites saudáveis e cultivei algo especial que me faz bem. Até mesmo comprei uma flor na feira pra mim. Se pudesse chegar perto do meu ouvido, sussurraria pra mim: te amo.

Ahh! Ela me ama!

Paro e olho pro espelho sem maquiagem. Ela me ama!

Hoje, pulo em um pé só, também sentindo o amor no peito e espero que ele pule até aí onde você está.

Como você sente o seu amor-próprio?

Caso o seu amor-próprio seja do tipo que gosta de brincar de amarelinha, pode ser que ele caia vez ou outra. Apenas não se esqueça de pegar a pitanga e levantar.

O meu desejo pra você também é: se ame. Sinta-se amado. Receba o meu abraço. Bem apertado.

O meu desejo pra você também é: se ame. Sinta-se amado. Receba o meu abraço. Bem apertado.

Por um momento

Até onde minha memória vai, o meu avô materno morava conosco.

A ele devo muitas de minhas lembranças mais queridas de infância e adolescência. Ele faleceu quando eu estava no meu segundo ano de faculdade, ao lado da minha mãe que sempre o amou.

Um dia eu percebi que ele iria morrer.

Ele tinha Parkinson. Ele iria morrer antes de qualquer um de nós. Provavelmente ouvi alguém dizer alguma coisa a respeito.

Diversas vezes eu não tinha muita paciência com ele, pois ele implicava com qualquer namorado ou amigo que eu tivesse, bem como uma mania de saber quanto tempo fiquei no telefone, além de precisar verificar inúmeras vezes se a porta dos fundos estava trancada.

Ele gostava de comer frango assado aos domingos, ganhar bolo de aniversário e bolinha de queijo em ocasiões especiais. Ele não gostava de se exercitar. E eu sempre peguei no pé dele para que se movimentasse mais. Ele sempre me elogiava. Ele elogiava até mesmo as comidas mais esquisitas que eu fazia quando ficávamos apenas nós dois em casa por um final de semana ou mais.

Em razão de sua doença, ele não tinha um bom controle das mãos, e um dia pediu pra eu fazer a barba dele. Sem pensar duas vezes, respondi que sim.

Meu avô trouxe a gilete, muito afiada para uma novata na arte como eu, pincel de barbear e espuma – que realmente fazia muita espuma, e como eu adorava brincar com aquilo.

Em silêncio, imaginei que não seria diferente de raspar a minha perna. Olhei para ele com seus olhos já pequenos pela idade, o nariz e as orelhas já maiores do que quando era jovem e a pele gordurosa repleta de curvas, vincos e pregas. Era um momento em que ele não pegava no meu pé pela conta de telefone, e eu não pegava no pé dele por não se exercitar.

Ficávamos apenas ali.

Em silêncio, enquanto eu o barbeava. Eu olhava o rosto dele tentando memorizar cada detalhe, pois sabia que ele iria morrer provavelmente antes de mim. Eu o barbeava deliberadamente em câmera lenta e, por fim, secava o seu rosto com a toalha com todo o zelo e carinho quanto sabia.

Durante aqueles minutos, era como se em silêncio soubéssemos exatamente o quanto nos amávamos. Neta e avô. Assim que a toalha voltava para o cabide, nós sorríamos, e a pegação no pé um do outro voltava.

Por que yoga?

Eu era o tipo de criança que ninguém queria no time. Verdade. Aquela que ia pra fila e sabia que seria a última ou, em um bom dia, a penúltima a ser escolhida pro time da aula de educação física.

Aprendi a nadar, afinal é importante saber não se afogar. Mas é basicamente isso. Aprendi o básico do básico pra poder aproveitar piscina, rio e mar sem muito perigo.

Apesar de não ter me encontrado no esporte, sempre gostei muito de me movimentar. Pulava corda, subia em telhado e escalava muro. Com o tempo, encontrei artes marciais, em que, ainda bem, não havia time.

Primeiro foi aikido, depois tai chi e kung fu. Também veio a dança do ventre – esta um pouco mais divertida e alegre –, que me recebeu de braços abertos e glitter no rosto. Fiz algumas aulas de dança, até pilates e musculação, mas nada se compara ao que o yoga faz por mim.

Não é por queimar caloria nem por tornear pernas ou braços. Também não tem time, competição ou medalha. Bumbum na nuca nunca foi uma meta. Então, por que raios yoga?

Algo que vira e mexe eu ainda tenho que explicar para as pessoas que, não, yoga não é só paz e amor, também tem vulcão de trauma, medo e solidão. Na prática de yoga, você vai encontrar sua luz e sua sombra. Yoga vai te convidar a olhar fundo, além das suas capacidades físicas de ser rápido, forte ou flexível. Um convite para observar além da mente, para observar o seu coração e descobrir quem você realmente é. Independentemente de time. É você com você mesmo.

Aaahhh... porque o yoga começa assim, como um convite: "Se aconchega no aqui e agora".

Eu digo: "Não consigo. Não importa".

Ele responde: "Respira". Como uma amiga que sabe me acolher quando estou cansada, grávida, com sono, me sentindo ambiciosa, feliz, com muita ou pouca energia. Em qualquer fase.

Aí não tem pra onde fugir.

Sou eu comigo mesma habitando esse corpo.

"Cuida dele", ela diz.

Se torne íntima de seu corpo como alguém que conhece cada pedrinha da casinha que montou, cada canto e cada jeito.

A mente pula de galho em galho, mas não tem problema.

Yoga me abraça. Yoga abraça. Pega a gente no colo.

Tem dias que pensamos encontrar nossos limites só para perceber que somos muito mais capazes do que imaginávamos. Outros dias é mesmo para nutrir. Pausar. Respeitar.

Em todos os dias, a gente se encontra no final com o corpo estirado no chão e gratos por termos praticado. Nunca me arrependi de ter feito uma aula de yoga.

Presente

Amanhã.

Amanhã é o dia, eu sei.

Amanhã tem sido o dia por um bom tempo.

Amanhã eu escrevo aquela nota de apreciação, levo a camisola que estourou a alça para costurar, também é amanhã que eu vou na academia, bebo mais água e me maravilho com o pôr do sol.

Amanhã eu passo menos tempo no celular. Telas somente para trabalho – como este de escrever. Ou também para postar indignação em grupo de família.

Ah! Amanhã!

Vai ser dia de pão de queijo, café, yoga e suco verde.

Amanhã vai ter abraço, beijo e olhares. Sim. Amanhã vou olhar no olho. Olhar mesmo. E, no final do dia, vou olhar meus olhos, bem fundo, no espelho do banheiro, vestida de meu corpo nu e pensar que amanhã será o dia que...

Amanhã é todo possibilidade. Hoje é verdade.

Decido passar creme nas mãos que teimam em ressecar e penso que nada é assim tão urgente.

Amanhã digo "Eu te amo".

Amanhã também cheiro melhor a cabeça do meu bebê e conto as pintinhas dos dedos do pé dele.

Amanhã é para certas coisas. Sim, isso é verdade.

Amanhã é sonhar. Amanhã é sonho. Amanhã é possibilidade. E nós sabemos que sonhar é para os valentes.

Mas, se você só pensa no amanhã, ele nunca se tornará hoje.

Hoje também é interessante. Mas tem ciúmes de toda a atenção que amanhã ganha.

Fico aqui deitada entre eles. Namorando meu amanhã e buscando tocar meu presente.

É uma música bonita essa, de saber o valor de cada coisa.

Amanhã minha vida pode mudar.

Mas hoje ela está acontecendo.

Deixo o amanhã descansar e fico com o agora.

Afinal de contas, ele é o presente.

Amanhã é todo possibilidade.
Hoje é verdade.

Sim, a gente ama

Ama o gato, passa noites em claro com a cachorra na sala de emergência do hospital veterinário.

Ama viajar, pular de paraquedas e até fazer crochê. Agora chocolate, esse a gente ama, ama mesmo!

Uma boa série no Netflix, pés descalços na terra e manicure no final de semana.

A gente ama os nossos pais. Ama os irmãos. Ama os primos. Ama as avós, os avôs, os tios, as tias, a madrinha e o padrinho.

Ama os sobrinhos. Ama o filho da amiga, da vizinha, o aluno da escolinha.

Aí um belo dia, ou talvez não tão belo, mas com certeza divisor de águas: chegou o bebê.

Um ser miúdo que vai despertando aos poucos, crescendo que nem capim e envolvendo cada minuto do dia e bater do coração.

O seu bebê! Junte as palavras *meu* + *bebê* e o universo vira de cabeça pra baixo, o coração expande e a mente tem que atingir novos limites.

Sim. A gente ama. Ama bebês. Ama gente. Ama yoga. Ama a natureza.

Mas amor igual àquele pelo meu + bebê.

Vale o clichê de só quem tem sabe.

Como eu gostaria de ter mais desse amor para dar. Como eu gostaria que esse amor pelo meu bebê se extravasasse de mim e atingisse mais pessoas. Como uma represa que não segura as águas e que se move inundando o coração daqueles que mais precisam.

Como eu gostaria de amar mais, como amo o meu bebê.

Mas esse amor é tão danado que ele extravasa por dentro e toca em cada cantinho. Toca para ser melhor. Maior. Mais aberto. Escancarado. Forte. Ponte. Pilar.

O melhor amor que sei amar.

Vamos morrer

Pensar sobre a morte causa desconforto.

Morte de alguém que amamos, de alguém que vimos apenas poucas vezes, de alguém que nos sentimos conectados devido às suas carreiras públicas. A morte incomoda. Pensar em nossa própria morte então pode ser um desafio.

Quando eu era menina, sempre tinha gato e cachorro, às vezes no plural. Em nossa casa em Maracaju ou na fazenda.

De alguma forma, muitos dos meus bichinhos morreram cedo demais, seja por ter sido atropelado por acidente, pego por um cachorro, envenenado pelo vizinho ou morte misteriosa.

E em todas essas vezes chorei sem consolo.

Eu me lembro bem da primeira morte humana que me baqueou. Não tinha colo de mãe, de pai, de amigo, de ninguém que me consolasse.

Foi em 2005, tomado por uma bala no peito em cima da bicicleta. Um amigo meu. Carrego o seu abraço apertado comigo como um tesouro. É incrível como algumas pessoas são guardiãs em nossas vidas. Todo mundo tem alguém assim, que te conhece, que genuinamente quer o seu bem, que está ao seu lado para te fazer sorrir, cuidar de você e te ensinar.

Ele foi a primeira pessoa que me ensinou sobre o poder de cura do amor ao me contar histórias de sua avó benzedeira.

A sua partida repentina doeu muito. Éramos tão jovens, e eu estava tão longe. Já em São Carlos, nem sequer pude ir ao enterro.

Depois fui pra Londres e pensei na minha própria morte pela primeira vez de forma real.

Estava arrumando as minhas malas para mochilar durante o verão e foi quando me bateu o pensamento: *eu posso morrer nessa viagem.*

Liguei para familiares e dividi meu itinerário. Se eu morrer nessa aventura, pelo menos eles sabem o meu trajeto!

Foi mesmo um milagre eu ter sobrevivido às minhas andanças sozinha pela Europa. Eu, que tenho pouquíssimo senso de direção, antes de ter internet no celular, andava com mapa de papel nas mãos. Meu anjo da guarda é forte mesmo!

Com o passar dos anos, e a minha decisão de ancorar em Los Angeles, a sensação de morrer longe de casa foi trocada pela sensação de quando o meu amigo morreu: todo mundo que vive no Brasil pode morrer a qualquer momento, e eu estou longe.

Ao ver meus pais, avós e familiares envelhecendo, em determinada viagem, prometi para mim mesma que encararia cada tchau no aeroporto como um adeus. Sim, pode parecer coisa de novela, mas sejamos realistas: um dia será verdade.

Um dia será o último abraço.

Acredito que o fato de viver longe me fez apreciar os vivos um pouco mais, mesmo aqueles perto de mim.

Todas as noites agradeço o meu esposo pelo dia, beijo a minha cachorra e oro pelos meus filhos enquanto eles dormem.

Antes de ter filhos, me sentia sinceramente tranquila com o fato de que eu posso partir a qualquer momento; com crianças pequenas, esse pensamento me incomoda um pouco mais. Temos até um documento com tudo escrito sobre o que deve acontecer com as crianças caso a gente morra enquanto eles são pequenos.

Entendo que a minha morte a curto prazo não é provável, mas sei que vou morrer. Por mais que me cause desconforto, acho saudável pensar nisso de forma fatual.

Vamos todos morrer. Lembre-se disso de vez em quando.

Digo para mim mesma: "Eu vou morrer, não existe dúvida, eu vou morrer".

Então, quando acordo, sento e inalo o ar gelado da manhã e me sinto sinceramente grata por estar viva mais um dia.

Em minha meditação matinal, repito mentalmente: *esse é um dia abençoado, estou aqui, viva, não abriria mão desse dia por qualquer dinheiro do mundo, então bora fazer valer a pena.*

Todo mel dessa vida

Eu gostava de assistir ao seriado *Xena*.

Para quem não conhece, a princesa guerreira era uma série de TV da Nova Zelândia de 1995. Uma mulher que monta a cavalo, luta contra injustiças e tem poderes incríveis. Pois bem, um episódio em particular marcou a minha memória: no centro do enredo, estava uma tal de comida dos deuses. Para ser honesta, a imagem na TV daquela comida não era a mais atraente para mim, parecia uma mistura de geleia com sagu de framboesa. Mesmo assim, no episódio, lutava-se tanto pela chamada ambrosia que me deixou com muita vontade de experimentar a tal. Até hoje. Afinal, quem não gostaria de provar o néctar dos deuses?

O que seria essa ambrosia... maná, néctar? No episódio de TV, parecia ser algo tão extraordinário.

Tradicionalmente, a prática de yoga busca algo similar, uma experiência divina extraordinária. O Nirvana. Algo fora do comum apenas para os mais seletos. Mas, pra mim, a minha prática mostrou como encontrar presença no ordinário, beleza no comum, no dia a dia, naquilo que não custa nada. O encontro com o divino foi substituído pelo encontro comigo mesma.

Essa coisa de hoje ser o dia! De hoje ser a nossa única certeza. Hoje realmente é tudo que temos. Hoje é a casa do nosso passado e nosso futuro. Hoje é o dia para ser vivido. O mel dessa vida se encontra na presença do agora bem vivido.

Mel é chá de vó, colo de mãe, abraço de pai e beijo de filho.

Mel é o pisar no avião da viagem tão sonhada, é o primeiro passaporte e o primeiro amor de infância.

Mel é o suco fresco da garapa, ao ladinho do pastel, mas, acima de tudo, a memória de criança.

Mel são os campos verdes e abertos repletos de possibilidades.

As montanhas que não calam o chamado. Pé no chão.

As águas quentes que acalentam o coração e as geladas que acordam um novo olhar.

Mel é o suor salgado na pele quando o corpo vibra estirado no chão.

A paz na solitude, o conforto no silêncio e as mãos sobre um coração pulsante.

Mel é o deixar ir. Deixar passar. Deixar pra lá. A leveza de um peito tranquilo.

A alegria no ordinário, no dia a dia, a inspiração do presente.

Conexão com o mundo, consigo, com o outro.
A lembrança de que somos um só.

Hoje é a casa do nosso passado e nosso futuro. Hoje é o dia para ser vivido. O mel dessa vida se encontra na presença do agora bem vivido.

CONHEÇA MAIS:

@ prileiteyoga.com.br/todomel

**Acreditamos
nos livros**

Este livro foi composto em Albert Sans e impresso pela Lis Gráfica para a Editora Planeta do Brasil em março de 2024.